Robert Schmitt

More than a Game!
Die Geschichte der NBA

Herstellung: BoD, Norderstedt
ISBN 9783943004120

Robert Schmitt

More than a Game!
Die Geschichte der NBA

RAMSES

Die NBA hat sich in den letzten Jahren zu einem florierenden Wirtschaftsunternehmen entwickelt. Die Liga, ursprünglich mit elf Teams gestartet, von denen heute nur noch die Celtics, die Knicks und die Warriors dabei sind, erweiterte sich bis 2004 auf 30 Teams. Zum 50. Geburtstag der Liga 1996 wurde eine Frauenliga, die Women's National Basketball Association (WNBA), gegründet. Die NBA hat einen maßgeblichen Anteil an der Popularisierung von Basketball in der Welt. Das zeigt sich schon daran, dass in den letzten Jahren immer mehr ausländische Spieler in die NBA wechselten, so etwa der chinesische Center Yao Ming, der französische Guard Tony Parker, der italienische Center Andrea Bargnani oder der deutsche Power Forward Dirk Nowitzki von den Dallas Mavericks.

Die Geschichte des Basketballs und somit der NBA beginnt im Grunde im auslaufenden 19. Jahrhundert. Der kanadische Arzt und Pädagoge James Naismith entwickelte das Ballspiel im Jahr 1891 in Springfield (Massachusetts) als Hallensport für seine Studenten. Basketball zählt damit zu den wenigen Sportarten, die von einer Einzelperson erfunden wurden.

Der 1861 geborene Naismith wuchs seit seinem neunten Lebensjahr als Waise bei Verwandten auf und arbeitete bereits mit zehn Jahren als Holzfäller. Bis zu seinem 19. Lebensjahr arbeitete er in den Wäldern Kanadas bevor er 1883 seinen Highschool-Abschluss nachmachte. Am 7. Dezember 1891 beauftragte Luther Gulick, Direktor des YMCA in Springfield (Massachusetts), Naismith mit der Gestaltung eines neuen Hallensports für eine junge Studentengruppe. Da es im Winter beim Football spielen in der Halle oftmals zu Rangeleien mit Verletzungen kam, sollte das neue Spiel mit möglichst wenig Körperkontakt auskommen.

Naismith war anfangs nicht besonders von dieser Aufgabe begeistert, schrieb dann aber 60 Minuten vor der Sportstunde 13 Regeln auf, die lose auf dem Kinderspiel „Ente auf dem Fels" basierten. Naismiths Basketballspiel startete am 15. Dezember 1891 mit dreizehn Regeln, die er am 15. Januar 1892 veröffentlichte. Naismith erkannte, dass Spiele wie Football deshalb so brutal waren, da in ihnen alles auf einer Ebene stattfand. Um das absehbare Gerangel in der Nähe des „Tores" zu vermeiden, löste er es also einfach vom Boden.

An der Empore der Sporthalle ließ Naismith von Hausmeister Pop Stabbins zwei Pfirsich-Körbe befestigen, die gleichzeitig „Tor" und Namensgeber der Sportart wurden: Basketball. Um zu verhindern, dass

Zuschauer von der Galerie aus Korbwürfe beeinflussen können, wurde hinter dem Korb ein Brett montiert. Basketball sollte eigentlich ein reines Pass- und Wurf-Spiel sein; er verbot daher das Laufen mit dem Ball (das sogenannte traveling). Der Ball sollte oft hin und her gespielt werden, bis sich ein Mitspieler in aussichtsreicher Position zum „Tor“ befand.

Naismith legte die Anzahl der Spieler pro Mannschaft nicht fest, er selbst aber favorisierte neun (gegenüber den heute üblichen fünf). So wurde 1891 das erste inoffizielle Basketballspiel mit neun Spielern je Team ausgetragen, das Ergebnis lautete nach zweimal 15 Minuten Spielzeit 1:0.

Naismith wurde 1898 Sportlehrer an der Universität von Kansas. Am 3. Februar 1899 trainierte er dort die erste Basketball-Mannschaft der Universität. Einer seiner Schüler, Forrest „Phog“ Allen, wurde später ebenfalls Trainer des Basketball-Teams, genannt Jayhawks, und eine der ersten Legenden des College-Basketballs. Allen wurde Lehrmeister mehrerer anderer College-Trainer.

Im Laufe der Jahre änderten sich nicht nur Details der Sportart. Die Anzahl der Spieler wurde begrenzt, das Dribbeln wurde nicht nur erlaubt, sondern sogar ein wichtiges Element des Spiels, die Wurftechnik änderte sich vom beidhändigen Unterhandwurf zum einhändigen Sprungwurf, und schließlich wurden auch Zeitlimits.

Das erste offizielle Basketballspiel fand am 20. Januar 1892 in Springfield statt. Innerhalb der beiden Spielhälften, mit einer Halbzeitpause von fünf Minuten, wurde üblicherweise nur ein einziger Treffer erzielt. Trotz dieser niedrigen Trefferquote setzte sich das von James Naismith entwickelte Ballspiel in den Vereinigten Staaten durch.

Bereits im folgenden Jahr wurde Frauen-Basketball am Smith College in Northampton, Massachusetts eingeführt. Senda Berenson Abbott, seit 1892 leitende Sportlehrerin am Smith College in Northampton, Massachusetts, hat den Frauen-Basketball zu dieser Zeit sehr geprägt, indem sie die von James Naismith entwickelten Grundregeln veränderte und den Frauen anpasste. Abbott hatte über das Spiel in einer Zeitschrift gelesen und besuchte Naismith kurzerhand, um mehr über Basketball und dessen Eignung für ihre Schülerinnen zu erfahren. Am 21. März 1893 organisierte sie schließlich ein Spiel zwischen den Erst- und Zweitsemestlerinnen des Smith Colleges. Männliche Zuschauer waren allerdings ausgeschlossen. Dennoch machte das erste Frauenbasketball Schlagzeilen, da diese Art der körperlichen Ertüchtigung zur damaligen Zeit noch als unschicklich für Frauen galt. Abbott modifizierte daraufhin die Regeln des Spiels, unter anderem durch die Einteilung des Spielfeldes in drei feste Bereiche, die den einzelnen Spielerinnen zugewiesen wurden und die diese nicht verlassen durften.

Im Jahr 1899 erschienen die von Abbott geänderten Basketballregeln für Frauen erstmals in gedruckter Form. Zwischen 1901 und 1907 war sie Herausgeberin eines Fachmagazins für Frauenbasketball, des Basketball Guide for Women. Nach ihrer Kündigung am Smith College 1911 blieb Abbott noch bis 1917 als Herausgeberin dieses Magazins tätig.

Senda Berenson

In den darauffolgenden Jahren wurde Basketball zunächst mit Paneel-Bällen, die heutigen Volleybällen ähnelten, gespielt. Weil damals noch die Regel galt, dass ein außerhalb des Spielfeldes gelandeter Ball in den Besitz desjenigen Teams gelangt, das ihn zuerst erreicht, sprangen die Spieler oft ohne Rücksicht auf die Zuschauer in die Ränge. Damit der Ball gar nicht erst ins Aus gelangen konnte, kam man auf die kuriose Idee, das Basketballfeld mit einem Käfig aus Hühnerdraht zu umzäunen. Diese „Basketball-Käfige" gaben der Sportart ihren Spitznamen „cage game" (Käfigspiel). Wie unangenehm das Spielen in den Käfigen war, beschrieb Barney Sedran, ein Spieler der New York Whirlwinds: „Die meisten von uns hatten ständig Schnittwunden, und der Court war mit Blut bedeckt."

Schon bald nach der Erfindung von Basketball im Jahr 1891 konnte sich diese Sportart an Colleges und Universitäten in den USA durchsetzen. Das erste Basketballspiel zwischen zwei College-Mannschaften fand am 8. April 1893 in Beaver Falls in Pennsylvania statt. Das Geneva College konnte an diesem Tag gegen den New Brighton YMCA gewinnen. Die ersten Basketballspiele wurden zunächst mit sieben oder neun Spielern je Mannschaft ausgetragen. Am 18. Januar 1896 fand das erste Spiel mit dem aktuellen Spielsystem von lediglich fünf Spielern in Iowa City statt, die University of Chicago gewann dieses Spiel mit 15:12 Punkten gegen die University of Iowa.

In den nächsten Jahren wurde College-Basketball innerhalb der USA immer populärer. Die anerkanntesten Universitäten (so z. B. die Columbia University) und Colleges hatten ihre Mannschaften gesponsert und unterstützt. Als sich der Sohn des US-Präsidenten Theodore Roosevelt beim American Football in Harvard schwer verletzte, kam es zu einem Treffen des Präsidenten mit Vertretern der drei bedeutendsten Universitäten, Harvard, Yale und Princeton, um im Weißen Haus Schritte zu diskutieren, wie man den Collegesport sicherer machen könnte. Am 31. März 1906 wurde schließlich als eine Folge dieser Treffen die die „Intercollegiate Athletic Association of the United States" (IAAUS) gegründet, um Regeln für den Amateursport in den Vereinigten Staaten aufzustellen. 1910 wurde aus der IAAUS die heute noch bestehende National Collegiate Athletic Association NCAA. Die erste NCAA-Landesmeisterschaft der Männer wurde vor 5500 Zuschauern im Jahr 1939 in Evanston (Illinois) ausgetragen. Die University of Oregon besiegte im Finale die gegnerische Mannschaft der Ohio State University mit 46:33.

Auch der Frauen-Basketball entwickelte sich an Colleges und Universitäten weiter. Im Jahr 1926 organisierte die Amateur Athletic Union die erste Basketballmeisterschaft für Frauen. Seither finden jährlich

NAIA-Meisterschaften der Frauen statt. In den 1930er Jahren wurden auch immer mehr Basketballturniere zwischen Frauen und Männern veranstaltet. Hierbei wurden jedoch immer die für den Männer-Basketball vorgeschriebenen Regeln verwendet.

Zu Beginn des 20. Jahrhunderts formierten sich zwei berühmte Mannschaften, die später in die Naismith Memorial Basketball Hall of Fame aufgenommen wurden. Die Mannschaft bestand zuerst aus sechs Spielern (darunter John I. Maier und Henry J. Faust), die zusammen am YMCA in der East Side von Buffalo Basketball spielten. Bis 1898 galten die Germans als unschlagbar, da sie dreimal in Folge den Titel gewannen. In den nächsten zwei Jahren gewannen sie 48 von 52 Spielen und stellten somit einen Rekord auf.

Im Jahr 1901 nahmen sie an den Panamerikanischen Meisterschaften teil und gewannen mit 10:1 Siegen. Drei Jahre später gewannen sie bei den III. Olympischen Spielen in St. Louis die Goldmedaille (allerdings betrachtet das IOC das Basketballturnier lediglich als Demonstrationssportart). Von der Saison 1907/08 bis zur Saison 1910/11 gewannen die Buffalo Germans 111 Spiele in Folge und stellten somit einen neuen Rekord auf. Die Buffalo Germans waren mit dem Sieg (134:0) gegen das Hobart College auf dem Höhepunkt angelangt. Im Jahr 1925 löste sich die Mannschaft, nach einer Bilanz von 792 Siegen und 86 Niederlagen, auf. Die Buffalo Germans wurden 1961 als dritte Mannschaft in die Naismith Memorial Basketball Hall of Fame aufgenommen. Die Germans zählen fraglos zu den besten und dominantesten Mannschaften aller Zeiten.

Neben den Germans waren die Original Celtics eine der einflussreichsten Mannschaften. Die New York Celtics wurden im Jahr 1914 von Frank McCormack gegründet. Aufgrund der Ereignisse des Ersten Weltkrieges musste sich die Mannschaft wieder auflösen. Im Jahr 1918 baute der Promoter James Furey eine neue Mannschaft auf, die sich an den New York Celtics orientieren sollte. Die "Original Celtics" setzten sich aus den Spielern der New York Celtics und einigen neuen Spielern (darunter Joe Trippe) aus der West Side in Manhattan zusammen. Die Mannschaft bestand aus vielen Talenten wie dem Forward Dutch Dennert oder dem Point Guard Nat Holman, der im Jahr 1922 dazukam. Beide wurden, wegen ihrer überzeugenden Leistungen, in die Naismith Memorial Basketball Hall of Fame aufgenommen. In ihrer ersten Saison gewannen die Celtics 65 Spiele von 69 und stellten somit einen neuen Rekord auf.

Die Celtics entwickelten einen Vertrag, der den Spielern verbot, die Mannschaft zu wechseln. Am 16. April 1921 spielten die sie gegen die New York

Whirlwinds vor 11.000 Zuschauern in New York. Dies war bisher die größte Anzahl an Zuschauern bei einem Basketball-Match in den USA. Im Jahr 1922 konnte der Coach drei weitere Spieler für seine Mannschaft verpflichten: Joe Lapchick, John Beckman und Davey Banks. Joe Lapchick zählte in seiner Basketball-Ära zu den besten Centern der Welt. Er gilt als der erste echte Big Man des Basketballs; trotz seiner (für die damalige Zeit) riesigen 1,96 m war er ungewöhnlich agil.

Der Shooter John Beckman wurde, wie auch Joe Lapchick, in die Naismith Memorial Basketball Hall of Fame aufgenommen. Beckman war 1,80 m groß und spielte auf der Position des Forward.

Die Erfolgswelle der Celtics ließ in den nächsten Jahren nicht nach. In der Saison 1922/23 gewannen die Celtics 204 von 215 Spielen und verbesserten ihren alten Rekord. Die Celtics gewannen durchschnittlich 90 Prozent ihrer Spiele und entwickelten sich zu einer der dominantesten Mannschaften des Jahrzehntes. In der Saison 1925/26 beispielsweise gewannen die Celtics 136 von 140 Spielen. In den 1920er Jahren wurden die Germans und die Celtics durch andere Mannschaften wie die New York Renaissance oder die Cleveland Rosenblums abgelöst.

Im Jahr 1925 wurde die bis 1955 bestehende American Basketball League (kurz: ABL) eingeführt. Die

ABL wurde vom damaligen Präsidenten der National Hockey League, Joseph Carr, gegründet. Es gelang ihm, neun der besten Mannschaften des Landes zu verpflichten, die zur damaligen Zeit noch nicht in einer Liga organisiert waren. Zu den dominierenden Teams der ersten Jahre wurden die Cleveland Rosenblums, die Philadelphia SPHAs und insbesondere die Original Celtics. Zwischen 1925 und 1931 war die neu formierte ABL die erste Adresse im Profibasketball.

Die ABL teilte jede Spielzeit in zwei Hälften auf. Die beiden Mannschaften mit den meisten Siegen in jeder der beiden Hälften spielten in einem Playoff den Meister der Saison aus. Die einzige Ausnahme bildete die Saison 1927/28, in der die Teams von Beginn an in zwei Divisionen unterteilt wurden. Die Meisterschaft wurde dann unter den beiden Divisionssiegern ausgespielt.

Von den ursprünglich neun Teams spielten am Ende der Saison 1930/31 aber nur noch fünf. Ein Hauptgrund dafür war, dass die Teammanager der Klubs meist zu wenig finanzielle Mittel zur Verfügung hatten. So musste die ABL in der Hochphase der Weltwirtschaftskrise den Spielbetrieb nach 1931 schließlich für zwei Saisons einstellen. 1933 wurde die ABL wieder ins Leben gerufen, verlor im Vergleich zur 1937 gegründeten NBL jedoch schnell an Bedeutung. Nachdem 1949 aus der Fusion der NBL und der BAA die National Basketball Association (NBA) hervorging, büßte die ABL vollends ihre Konkurrenzfähigkeit ein und wurde schließlich 1955 aufgelöst.

Die ABL veränderte in manchen Bereichen das Basketballspiel. Der Hühner- bzw. Metalldraht wurde abgeschafft und durch Seile ersetzt. Des Weiteren wurde das Rückbrett (engl. back-board) hinter den Körben jetzt auch offiziell eingeführt.

Wie gesagt, die ABL stand bald im Schatten der Profiliga National Basketball League. Fünf der 30 heutigen NBA-Teams können ihre Wurzeln bis in diese NBL zurückverfolgen. Das sind die Los Angeles Lakers (als Minneapolis Lakers), die Detroit Pistons (als Fort Wayne Zollner Pistons), die Sacramento Kings (als Rochester Royals), die Philadelphia 76ers (als Syracuse Nationals) und die Atlanta Hawks (als Tri-Cities Blackhawks).

Als Midwest Basketball Conference nahm die National Basketball League 1935 ihren Spielbetrieb auf. Die Liga wurde von den drei heutigen Großkonzernen General Electric, Firestone und Goodyear gegründet. Der Spielbetrieb dieser Liga dauerte zwei Jahre und endete mit der Saison 1936-1937. Danach änderten die Besitzer der Liga den Namen, da die Midwest Basketball Conference zu oft mit der Big Ten Conference, einer bekannten College Division (deren Teams aus dem mittleren Westen stammen), verwechselt wurde. Des Weiteren expandierte die Liga auch in Richtung Osten, d.h. auch Teams aus dem Osten der USA wurden in die Liga aufgenommen. Die Teams stammten vornehmlich aus der Nähe der Great Lakes oder waren Vereine von Industrie-Unternehmen.

In den ersten Jahren wurde die NBL von einem Team dominiert, den Oshkosh All-Stars. Den ersten Titel gewannen zwar die Akron Goodyear Wingfoots, aber die All-Stars erreichten in den ersten fünf Jahren immer das Finale und gewannen dabei zweimal die Championship. Angeführt wurden die All-Stars von ihrem Center und Starspieler Leroy Edwards, der drei Jahre hintereinander (1937-1940) Topscorer der NBL war. Aber auch die Akron Firestone Non-Skids gewannen zwei Mal hintereinander die Championship, stellten aber 1941 den Spielbetrieb ein. 1941 traten die Fort Wayne Zollner Pistons, angeführt von ihrem Starspieler Bobby McDermott, der NBL bei. Die Pistons wurden zweimal hintereinander zweiter (1942, 1943) und danach zwei Mal Champion (1944, 1945). Der größte Herausforderer der Pistons waren die Sheboygan Red Skins, die in sechs Jahren fünf Mal das Finale erreichten. 1941 verloren sie gegen Oshkosh, 1943 gewannen sie gegen die Pistons, aber verloren 1944 und 1945 gegen diese. 1946 verloren sie ihre letzte Final-Serie gegen das neue Team aus Rochester.

Die Liga war anfangs nicht gerade sehr gut organisiert. Die Vereine mussten die Spieltermine untereinander ausmachen und die Spielzeit (4x10 Minuten oder 3x15 Minuten) wurde von der Heimmannschaft festgelegt. Es gab zwei Divisionen und die beiden besten Mannschaften erreichten die Play-offs. Die Gewinner spielten dann, wie in den Play-offs im Best-of-three Modus, im Finale gegeneinander. Die Liga übernahm nach und nach die Regeln des College-Basketballs und erhöhte damit für die Zuschauer die Attraktivität des professionellen Basketballs. Einige der NBL-Teams hatten auch afroamerikanische Spieler unter Vertrag, womit die NBL auch in dieser Hinsicht eine Vorreiter-Rolle einnahm.

Ab 1947 wurde die NBL von einem Spieler dominiert, nämlich von George Mikan. In seiner Rookie-Saison spielte er für die Chicago American Gears, mit denen er direkt Champion wurde. Danach gründete der Teambesitzer der Gears eine eigene Liga, die National Professional Basketball League. Dieser Versuch scheiterte und Mikan wechselte zu den Minneapolis Lakers. Die Lakers führte er 1948 zusammen mit Jim Pollard zur Championship. Nach dieser Saison schlossen sich die Lakers und drei andere Teams (Fort Wayne, Indianapolis und Rochester) der Basketball Association of America an. In der letzten Saison wurden die Anderson Duffey Packers Champion. Danach wurde die NBL mit der BAA zu einer Liga fusioniert und die National Basketball Association wurde gegründet.

George Mikan

Als offizielles Gründungsdatum der NBA gilt der 6. Juni 1946, der Gründungstag der Vorgängerliga Basketball Association of America (BAA) in New York. Treibende Kraft für die Gründung des Verbandes waren die Besitzer und Betreiber von Sportarenen, die ihr Geld hauptsächlich mit Eishockey, vor allem in der NHL, verdienten und auf diesem Weg eine Auslastung für ihre Hallen im ganzen Jahr und eine zusätzliche Geldeinnahme suchten. Erster Präsident der Liga und BAA-Vorsitzende wurde daher auch Maurice Podoloff, der damalige Präsident der NHL, nach welchem bis heute die MVP-Trophy benannt ist. Jedoch stand die BAA zu Anfang noch unter einem schlechten Stern. Sie wies zwar zu ihrer Gründung, im Gegensatz zu den meisten anderen Profiligen der damaligen Zeit, eine solide Finanzierung auf, es mangelte ihr aber an guten Spielern. Erschwerend kam hinzu, dass sich bereits nach dem ersten Jahr vier Mannschaften aus der Liga zurückzogen. Deshalb wurde am 3. August 1949 die National Basketball League (NBL) übernommen, nachdem bereits 1948 drei Teams aus der NBL in die BAA gewechselt waren, und die Liga schließlich in National Basketball Association umbenannt. Bis heute werden daher die BAA-Champions von 1947 bis 1949 auch als NBA-Champions geführt.

Anfangs fristete die NBA ein Schattendasein neben der College-Liga NCAA. Diese geriet jedoch 1951 durch einen landesweiten Bestechungsskandal, dem sogenannten *point shaving*, in Verruf, wodurch die NBA im Gegenzug an Popularität gewann. Zahlreiche College-Stars spielten nun für die NBA, unter anderem Joe Fulks und Jim Pollard.

Joe Fulks (1921-1976), genannt „Jumpin' Joe“, war 1,95 m groß und spielte auf der Position des Forward. Fulks war der erste herausragende Scorer der noch jungen NBA. Er benutzte ursprünglich den alten zweihändigen Standwurf, um dann zum neuen einhändigen Wurf zu wechseln. Am 10. Februar 1949 erzielte Fulks 63 Punkte in einem Spiel, ein NBA-Rekord, der erst 1959 durch Elgin Baylor überboten wurde. Mit den Warriors wurde Fulks 1947 erster NBA-Champion. Fulks beendete seine Karriere mit über 8.000 erzielten Punkten.

Jim Pollard (1922-1993) wurde The Kangaroo Kid genannt, ein Spitzname, den er seiner außergewöhnlichen Sprungkraft verdankte. Zwischen 1947 und 1955 spielte er in der NBA sowie deren Vorgängerligen für die Mannschaft der Minneapolis Lakers. An der Seite von George Mikan gewann Pollard sechs Meisterschaften mit den Lakers in der NBL (1948), BAA (1949) und NBA (1950, '52-54). Pollard war 1,93 m groß und spielte auf der Position des Small Forward. Seine herausragende College-Karriere an der Stanford University musste er aufgrund des Zweiten Weltkrieges unterbrechen, da er für die US-Küstenwache eingezogen wurde. Anschließende spielte Pollard in der ABL bei den San Diego Dons (1945/46) und den Oakland Bittners (1946/47), bevor er 1947 zu den Lakers wechselte. Er beendete seine Profikarriere 1955 mit 6.522 erzielten Punkten in 497 Spielen.

Earl Lloyd

1950 wurde die Liga auch für Afroamerikaner geöffnet und Earl Lloyd ging als erster schwarzer NBA-Spieler in die Geschichte ein, obwohl Chuck Cooper noch vor ihm gedraftet wurde, jedoch sein erstes Spiel einen Tag später als Lloyd antrat. Earl Francis Lloyds (geb. 1928) erstes Team waren die Washington Capitols, für die er jedoch nur sieben Mal zum Einsatz kam. 1955 wurde Lloyd als Leistungsträger mit den Syracuse Nationals NBA-Champion. Später wurde er der erste schwarze Assistenztrainer der NBA und schließlich erster farbiger Cheftrainer der Detroit Pistons. Trotz dieser Stellung als Pionier kam ihm erst in jüngster Zeit eine offizielle Anerkennung zu. Im

Februar 2001 wurde in seiner Heimatstadt Alexandria ein Jugendbasketball-Camp eingeweiht und sowohl der Bürgermeister Alexandrias als auch der Gouverneur von Virginia erklärten den 9. Februar 2001 zum „Earl-Lloyd-Day". Im Jahr 2003 wurde Loyd schließlich für seine Karriereleistung als Spieler in die Naismith Memorial Basketball Hall of Fame aufgenommen.

Anfang der 1950er dominierte vor allem ein Team die NBA: die Minneapolis Lakers, heute bekannt als Los Angeles Lakers. Die Lakers formten mit ihrem Center George Mikan die erste Dynastie, als sie fünf Meisterschaften zwischen 1949 und 1954 gewannen. Mikan (1924-2005) war Sohn kroatischer Eltern, die in die Vereinigten Staaten auswanderten. Seine Körpergröße erlaubt es ihm, geworfene Bälle kurz vor dem Korb abzufangen, was im englischen „Goaltending" genannt wird. Mikan und Bob Kurland dominierten mit dieser Art der Verteidigung derart, dass die NCAA 1944 das "Goal tending" für regelwidrig erklärte. Dennoch hielt die Dominanz an und 1945 wurde Mikan mit der DePaul University "NIT-Champion". Dieser bis heute hoch angesehene Titel machte ihn landesweit bekannt und zu einem Star. Im nächsten Jahr unterschrieb er bei den Chicago Gears seinen ersten Profivertrag. Mit den Gears wurde Mikan auf Anhieb Champion. Nach dieser äußert erfolgreichen Saison wollte der Besitzer der Gears eine eigene Liga gründen, die National Professional Basketball League. Die Liga löste sich aber frühzeitig wieder auf und die Rechte an Mikan wurden den Minneapolis Lakers zugeschrieben. Mit Mikan im Team wurde der Liganeuling aus Minneapolis direkt Champion. Die NBL erlebte ihre beste Saison und verlor danach aber unter anderem die Lakers an die BAA. Auch in der BAA und später in der NBA setzte Mikan mit den Lakers seine Erfolgsserie fort und wurde in acht Profijahren insgesamt sieben Mal Meister. Nach der Championship 1954 beendete Mikan seine Karriere. 1955/56 startete er ein Comeback, brach diesen Versuch jedoch selber rechtzeitig ab um keinen Image-Schaden zu erleiden. Bis heute ist sein Name untrennbar mit dieser ersten Ära des Profibasketballs verbunden.

Obwohl Georg Mikan relativ langsam und schwerfällig war, konnte ihn keine Verteidigung unter dem Korb stoppen. Da durch seine drückende Dominanz das Ligageschehen einseitig zu werden drohte, änderte man die Spielregeln. 1952 erweiterte man die Zone unter dem Korb, um die Center zu mehr Bewegung zu zwingen und das Spiel auf die Flügel zu verlagern. Die Folge war jedoch, dass weniger geworfen wurde und es dadurch zu häufigerem Foul-Spiel kam, um in Ballbesitz zu gelangen und so das Herunterspielen der Spieluhr durch den Gegner zu verhindern. Bei einigen

Spielen 1953 pfiffen die Schiedsrichter über 100 Fouls. Der NBA rannten erneut die Zuschauer davon, und man beschloss, das Basketballspiel grundlegend zu verändern.

Am 23. April 1954 wurde nach einer Idee des Teambesitzers Danny Biasone die sogenannte Wurfuhr (shot clock) eingeführt. Nach der dazugehörenden 24-Sekunden-Regel muss das Team mit Ballbesitz vor Ablauf von 24 Sekunden einen Wurfversuch starten, der wenigstens den Ring berührt. Geschieht dies nicht, wechselt der Ballbesitz, selbst wenn das angreifende Team den Ball nach dem Fehlwurf wieder in die Hände bekommt. Diese Regel war ein Meilenstein für die Entwicklung des Basketballs und wurde nach und nach auch von der NCAA und der FIBA übernommen.

Kurz nach seinem Karriereende wählte man George Mikan zum besten Basketballspieler der ersten Hälfte des 20. Jahrhunderts, einen Titel, den er sich aus heutiger Sicht höchstens mit Bob Cousy teilen muss. Bob Cousy (geb. 1928) spielte von 1950 bis 1963 in der NBA für die Boston Celtics. Der 1,85 m große Cousy gilt neben Oscar Robertson und Magic Johnson als einer der besten Point Guards aller Zeiten. Sein Spitzname war in Anlehnung an den berühmten Zauberer Houdini of the Hardwood. Obwohl er anfangs aufgrund seiner ungewöhnlichen, weil spektakulären, Spielweise belächelt wurde, bewies Cousy sehr schnell sein außerordentliches Talent. Mit seinem Ballgefühl und seiner Spielübersicht war Cousy seiner Zeit weit voraus und den Gegenspielern jener Zeit überlegen. Cousy war zwischen 1953 und 1960 jedes Jahr bester Passgeber der NBA. Anfang der 1950er Jahre war er der beste Spieler der Liga, allerdings gab es zu dieser Zeit die MVP-Auszeichnung noch nicht. Erst 1957 wurde Cousy zum ersten und einzigen Mal mit dem MVP-Award ausgezeichnet. Cousy wurde zwischen 1952 und 1961 jedes Jahr, also insgesamt 10 Mal, ins All-NBA First Team gewählt. Er nahm an dreizehn All-Star Games teil und wurde zweimal (1954 und 1957) zum MVP eines All-Star Games gewählt. Mit den Boston Celtics gewann Cousy sechs Meisterschaften (1957, 1959-63) als kongenialer Partner von Bill Russell. 1954 gründete Cousy die National Basketball Players Association und war bis 1958 ihr erster Präsident. Nachdem er 1963 seine Karriere beendete, versuchte er sich mit mäßigem Erfolg als Coach, 1970 sogar als Spieler-Trainer. Am 21. April 1971 wurde er in die Naismith Memorial Basketball Hall of Fame aufgenommen.

Vor allem dank Bob Cousy gelten die 1960er Jahre heute als die Jahre der Celtics-Dynastie, da die Mannschaft der Boston Celtics zwischen 1957 und 1969 insgesamt elf Meisterschaften gewann, davon acht hintereinander. Überhaupt sind die Celtics mit insgesamt 17 gewonnenen Titeln bis heute das erfolgreichste Franchise der NBA. Sie gelten aufgrund dieser Erfolge wie die New York Yankees im Baseball, die Fighting Irish der University of Notre Dame im College Football und die Dallas Cowboys im Football als ein „America's Team". Diese Teams sind in den ganzen USA sehr beliebt und haben eine große Fangemeinde.

Gegründet wurden die Boston Celtics 1946 von Walter A. Brown, dem damaligen Betreiber des Stadions Boston Garden, welches bis 1995 zur Einweihung des FleetCenters (heute TD Garden) als Spielstätte diente. Die Celtics sind eines der drei heute noch existierenden Gründungsmitglieder der NBA und außerdem neben den New York Knicks das älteste Team, welches heute noch in seiner ursprünglichen Heimatstadt ansässig ist. Der Name Celtics entstand in Anlehnung an ein New Yorker Profibasketballteam, die Original Celtics, aus den 1920er und konnte sich schließlich gegen Vorschläge wie Whirlwinds, Unicorns und Olympics durchsetzen. Die goldene Zeit der Celtics von 1957 bis 1969 ist untrennbar verbunden mit dem Namen Red Auerbach, dem damaligen Trainer, dessen Bruder Zang das berühmte Logo des Basketball kreisenden Iren entwarf.

Auerbachs (1917-2006) Markenzeichen war es, kurz vor Ende eines erfolgreichen Spiels eine Zigarre zu rauchen. Er wurde im New Yorker Stadtteil

Brooklyn geboren und wuchs dort auf. Als begabter Basketballspieler wurde er 1935 in eine Auswahl der besten Spieler Brooklyns gewählt. Anschließend studierte er ein Jahr am nahen Seth Low Junior College sowie die drei darauffolgenden Jahre an der George Washington University in Washington, D.C., wo er ebenfalls als talentierter Basketballspieler auffiel. In einer Zeit vieler konkurrierender Basketball-Profiligen, die alle regelmäßig mit finanziellen Problemen zu kämpfen hatten, unterschrieb Auerbach bei den Harrisburg Senators in der American Basketball League. Nebenbei begann er eine Laufbahn als Trainer bei einer Highschool in Washington, wie dies zahlreiche halbprofessionelle Basketballspieler taten. In der neu gegründeten Basketball Association of America (BAA) übernahm Auerbach von 1946 an den Trainerposten der Washington Capitols.

In der Saison 1948/49 erreichten die Capitols unter Auerbach das BAA-Finale, unterlagen dort allerdings den Minneapolis Lakers mit ihrem Starcenter George Mikan. Nach der Fusion der BAA und der National Basketball League zur National Basketball Association am 3. August 1949 wechselte Auerbach als Trainer zu den Tri-Cities Blackhawks. Bevor die Blackhawks 1950 nach St. Louis umzogen, verließ Auerbach den Verein und heuerte bei den Boston Celtics an, wo er Doggie Julian ersetzte. Die Celtics, die seit Gründung der BAA/NBA existierten, hatten bis zu jenem Zeitpunkt nie die Playoffs erreicht. Unmittelbar nach Auerbachs Ankunft bei den Celtics lösten sich die Chicago Stags und die St. Louis Bombers, die aus der NBL in die NBA kamen, auf. Zwei Spieler dieser Teams, Ed Macauley und Bob Cousy, wurden daraufhin per Losentscheid den Celtics zugesprochen. Mit Macauley und Cousy als Leistungsträger des Teams erreichten die Celtics konstant Jahr für Jahr die Playoffs, unterlagen jedoch mehrfach in den Halbfinals oder Finals ihrer Division. Da bewies Auerbach sein unglaubliches Gespür für Talente und tauschte mit den St. Louis Hawks Ed Macauley für deren zweiten Pick in der NBA-Draft von 1956. Mit dem Pick wählte Auerbach Bill Russell, der zur wichtigsten Säule der Celtics-Dynastie werden sollte.

Bereits in der Saison 1956/57 gewannen die Celtics dank ihrem Verteidigungsspezialisten Bill Russell als Center sowie Bob Cousy und Bill Sharman im Backcourt die NBA-Meisterschaft gegen die Hawks. Obwohl sie 1958 im Finale unterlagen, kamen bis 1966 acht weitere NBA-Titel hinzu. Mit insgesamt neun gewonnenen Meisterschaften zog sich Auerbach, obwohl erst 49 Jahre alt, vom Trainergeschäft zurück. Auerbach war mit einer Bilanz von 1037 Siegen (bei nur 548 Niederlagen) der erste Trainer, der die 1000er-Marke durchbrach. Obwohl nicht mehr Trainer, blieb Auerbach den Celtics als General Manager treu. Durch geschickte Personalpolitik sorgte er dafür, dass die Celtics auch weiterhin erfolgreich blieben. So sicherte er sich in der Draft die Rechte an Dave Cowens, dem Most Valuable Player von 1973, und Jo Jo White, dem Finals-MVP von 1976. Die Celtics konnten daher 1974 und 1976 zwei weitere Titel gewinnen.

Nachdem sich Auerbach als 49-jähriger von der Trainerposition zurückgezogen hatte, übernahm Bill Russell als Spieler-Trainer. Russell (geb. 1934) spielte von 1956 bis 1969 für die Celtics und gewann in dieser Zeit elf Meisterschaften. Damit hält er bis heute den Rekord für die meisten Meistertitel eines NBA-Spielers. Nach seiner College-Karriere wechselte Russell 1956 in die NBA. Eigentlich war er als zweiter Pick von den St. Louis Hawks gedraftet worden. Red Auerbach gelang es jedoch, ihn im Tausch für Ed Macauley, einen sechsmaligen All-Star und Cliff Hagan, einen aus damaliger Sicht zukünftigen Hall of Famer und mehrfachen All-Star, nach Boston zu holen. Der Tausch hat sich für die Celtics schon nach einer Saison gelohnt, denn seine erste Meisterschaft mit den Celtics gewann Russell bereits als Rookie.

Bis heute gilt Russell als einer der besten Spieler, und vor allem als einer der besten Defensive-Player, der NBA-Geschichte. Russells Qualitäten als Verteidiger setzten neue Maßstäbe in der Liga. Er war der erste Spieler der Liga, der ein Spiel aus der Defensive heraus dominieren konnte. Weitere Eigenschaften, die Russells besondere Bedeutung für die Celtics herausheben, sind sein Siegeswille und sein clutch-play (Abrufen von Höchstleistung in entscheidenden Momenten). Diese zwei Eigenschaften waren mitentscheidend für den Erfolg der Celtics. Schon in seinen ersten drei Spielzeiten in der NBA war Russell jeweils der beste Rebounder der Liga. So erzielte er in seiner Rookie-Saison im Durchschnitt 19,6 Rebounds pro Spiel. In seiner zweiten Saison, der Saison 1957/58, erzielte er 22,7 Rebounds und 16,6 Punkte pro Spiel. Damit war Russell der erste Spieler der Ligageschichte, der in einer Spielzeit mehr als 20 Rebounds pro Spiel holte. Dieses Kunststück gelang ihm auch in den neun folgenden Spielzeiten.

Die zentrale Bedeutung, die Russell in der besagten Celtics-Dynastie hatte, zeigt sich unter anderem daran, dass er zwischen 1961 und 1963 drei Mal in Folge zum wertvollsten Spieler der Liga gewählt wurde. Diese Auszeichnungen erhielt er, obwohl sein großer Rivale auf der Center-Position, Wilt Chamberlain, jeweils deutlich bessere Werte in allen wichtigen Statistiken aufweisen konnte. So wurde Russell beispielsweise 1962 zum MVP gewählt, obwohl er nur 18,9 Punkte im Schnitt holte, während Chamberlain in derselben Saison die Rekordmarke von 50,4 Punkten im Schnitt erzielte. Russell war aber derjenige von beiden, der für den Erfolg seines Teams der wichtigere Spieler war.

Wilt Chamberlain

Die Spielzeit 1959/60 war für Bill Russell, mit erzielten 18,2 Punkten und 24 Rebounds, seine von den Statistiken her gesehen, bis dato beste. 1960 traf er mit seinem Team nicht nur in der regular season, sondern auch in den Playoffs erstmals auf seinen großen Dauerrivalen auf der Center-Position, auf Wilt Chamberlain und seine Philadelphia Warriors. Obwohl Chamberlain in den sechs Spielen 81 Punkte mehr erzielte als Russell, gewannen die Celtics die Serie mit 4:2 Siegen. Die Finals gewannen die Celtics gegen die Hawks mit 4:3 Siegen, wobei Russell im entscheidenden siebten Spiel 22 Punkte und 35 Rebounds zum Sieg beisteuerte.

In der Saison 1963/64 holte Russell mit 24,7 Rebounds pro Spiel zum vierten Mal die meisten Rebounds aller NBA-Spieler. Dieser Erfolg gelang ihm damit zum ersten Mal, seitdem Wilt Chamberlain in der NBA spielte. In der Saison 1964/65 gelang es Russell zum letzten Mal, mit erzielten 24,1 Rebounds pro Spiel, bester Rebounder der Liga zu werden. In derselben Saison wurde er zudem zum fünften und letzten Mal zum MVP gewählt. Ab 1966 war Russell der erste afroamerikanische Cheftrainer eines NBA-Teams. Die erste Saison in seiner neuen Rolle verlief für die siegesgewohnten Celtics relativ enttäuschend. Die Saison 1966/67 war die erste und einzige, in der Russell mit den Celtics nicht die NBA-Finals erreichte. Er unterlag mit seinem Team gegen die Philadelphia 76ers in den Conference-Finals. In der folgenden Saison konnten sich die Celtics bei den 76ers, nach einer Serie, die über sieben Spiele ging, revanchieren. Im Anschluss gewannen sie die Finals gegen die Lakers. Russell wurde in diesem Jahr von der Zeitschrift Sports Illustrated zum Sportler des Jahres gewählt.

Auch in seiner letzten Saison (1968/69) erreichte Russell mit seinem Team die NBA-Finals. Diese Leistung ist deshalb bemerkenswert, weil die alternden

Celtics eine sehr schwache *regular season* gezeigt hatten und nur mit Mühe überhaupt die Playoffs erreichten. Die Celtics gewannen den Titel nach einer Serie von sieben hart umkämpften Spielen gegen die Los Angeles Lakers, die sich zuvor mit Wilt Chamberlain verstärkt hatten. Nach dem Gewinn seiner elften Meisterschaft 1969 beendete Russell seine Karriere als Spieler.

Nach dem Ende der Celtics-Vorherrschaft begann die „Dunkle Epoche" der NBA. Das Spielniveau sank ab, das Zuschauerinteresse ließ merklich nach. Ein Grund war, dass sich die NCAA 20 Jahre nach dem Bestechungsskandal langsam wieder erholte, zum anderen weil 1967 eine Konkurrenzliga namens American Basketball Association (ABA) gegründet wurde. Von finanzkräftigen Investoren gegründet, überlebte die ABA länger als andere Konkurrenten der NBA. Da anfangs kaum ein Spieler aus der NBA in die ABA wechseln wollte, spielten dort meist schwache Spieler, was der ABA den Ruf einer „Minor League" einbrachte. Aufgrund des farbigen Spielballs und der spektakulären Spielweise junger Spieler wie Connie Hawkins und Julius Erving sprach man von der ABA auch despektierlich als „Beach Basketball League".

Attraktiv war die ABA vor allem für College-Abbrecher, da die NBA zu jener Zeit nur Spielern den Zugang zum Draft erlaubte, deren College-Jahrgang den Abschluss machte. Die ABA hatte diese Beschränkung nicht, und so wechselten Spieler wie Erving, Hawkins, Spencer Haywood und George Gervin schon vor ihrem College-Abschluss ins Profilager. 1974 wurde sogar ein Spieler direkt aus der Highschool verpflichtet. Einige Jahre später lockerte auch die NBA ihre Draft-Regularien und ebnete so den Weg für College-Abbrecher wie Magic Johnson oder Shaquille O'Neal. Einer der wenigen Starspieler, die der NBA den Rücken kehrten und in die ABA wechselten, war Rick Barry. Wegen des laufenden Vertrages mit den San Francisco Warriors musste Barry allerdings ein Jahr aussetzen, bevor er 1968/69 für die Oakland Oaks auflief und die ABA-Meisterschaft gewann.

Viele College-Stars wie Kareem Abdul-Jabbar und Elvin Hayes wechselten aber trotz verlockender Vertragsangebote weiterhin in die populärere und spielstärkere NBA.

In den Siebzigern war die ABA mehr denn je für ihre spektakuläre Spielweise bekannt. Nach außen hin repräsentierte ein Mann die ABA, und zwar in einem Maß, wie es später nur Michael Jordan für die NBA tun sollte: Julius Erving von den New York Nets. Schon in seiner ersten Saison gab Erving die ersten Kostproben seines Könnens. Er erzielte im Schnitt 27,3 Punkte pro Spiel und die Squires zogen in die

Eastern Division Finals ein, scheiterten allerdings an den von Rick Barry angeführten New York Nets. Im Sommer 1970 war Ervings Studienzeit abgelaufen und so wurde er automatisch zum NBA Draft gemeldet. Und obwohl ihn die Milwaukee Bucks an 10. Stelle drafteten, musste er aufgrund seines Vertrages bei den Squires bleiben. Erving akzeptierte die Situation und konzentrierte sich voll und ganz auf sein Spiel.

Nachdem er in der folgenden Saison den ABA-Scoring-Titel gewonnen hatte, sah er ein, dass er mittlerweile der dominanteste Spieler der ABA war. Er setzte sich nun höhere Ziele. Vor der Saison 1973/74 kam Erving durch einen Trade zu den Nets nach New York. Dort fand der Star seine ideale Showbühne. Er führte die Nets auf Anhieb zum Titel und wurde im folgenden Jahr zum Most Valuable Player (MVP) gewählt. In den ABA-Finals 1976 schlugen Erving und die Nets die Denver Nuggets und gewannen damit die zweite Championship innerhalb von drei Jahren. Wie sich kurz darauf herausstellen sollte, war dies das letzte Endspiel in der Geschichte der ABA. Die NBA wollte den Zuschauermagneten Julius Erving um jeden Preis in die Liga holen. Doch da er immer noch vertraglich an die Nets gebunden war, einigte man sich als Lösung des Problems auf einen Zusammenschluss der Ligen. Die Nets, Denver Nuggets, Indiana Pacers und San Antonio Spurs wurden in die NBA aufgenommen und der Rest der ABA

Spieler in einem Expansion Draft unter den Teams aufgeteilt.

Ervings Popularität war einer der Hauptgründe, warum sich die ABA trotz finanzieller Schwierigkeiten so lange hielt und warum die NBA an einer Fusion sehr interessiert war. Mitte der 1970er waren die finanziellen Schwierigkeiten jedoch so groß, dass an der Übernahme durch die NBA am 17. Juni 1976 kein Weg vorbei führte.

Die ABA brachte zahlreiche Neuerungen ins Basketballregelwerk ein. So wurde der Distanzwurf der Flügelspieler durch die Einführung der Drei-Punkte-Linie aufgewertet. Erst 1979, drei Jahre nach der Fusion, übernahm auch die NBA diese Neuerung, später zogen NCAA und FIBA nach. Ebenso wurde in der ABA der Slam Dunk Contest erfunden, der 1976 zuerst stattfand. Heute ist er ein bei den Fans sehr beliebter Bestandteil des NBA All-Star Weekends.

Ein weiterer Held der siebziger, aber dann auch noch der achtziger Jahre war unbestritten Kareem Abdul-Jabbar (geb. 1947). In der achten Klasse maß er bereits 2,04 m und schaffte mühelos einen Dunking. Highschool-Trainern in ganz New York fiel sein Talent auf, und so bekam er Stipendien von privaten Highschools angeboten. Schon in seinem ersten Jahr zählte er zu den besten Spielern der an Basketballtalenten reichen Stadt New York. In der Saison 1961/62 traf er mit seinem Team auf die Linton Highschool aus Schenectady, New York. Power Memorial verlor mit 68:74, und bester Spieler der Gegner war Pat Riley, der später einmal Abdul-Jabbars Trainer bei den Lakers werden sollte. AlsSophomore genoss Abdul-Jabbar beinahe landesweite Bekanntheit. Nach einer Saison mit 19 Punkten und 18 Rebounds pro Spiel wurde er ins All-American-Team des Parade Magazin berufen. Souverän gewann Power Memorial dank Abdul-Jabbar die State Championship von New York 1962. Im Jahr darauf blieb die Mannschaft weiterhin ungeschlagen, und Abdul-Jabbar erreichte die Popularität eines NBA-Spielers.

Im Januar 1965 hatte Power Memorial bereits 71 Spiele in Serie gewonnen. Die letzte Niederlage lag über zwei Jahre zurück. Da traf man am 31. Januar 1965 im Cole Field House der University of Maryland auf die DeMatha Highschool, und das Unglaubliche geschah: Power Memorial unterlag mit 43:46. Die Partie, die landesweit Titelseiten füllte, gilt heute als das vielleicht größte Spiel in der Geschichte des Highschool Basketballs.

Trotz der Niederlage gegen DeMatha gewann Power Memorial auch die State Championship von 1965. Anschließend wählte Abdul-Jabbar unter hunderten angebotener Stipendien ein College aus. Er entschied sich für die University of California in Los Angeles (UCLA), nachdem ihn ein ehemaliger Starspieler der Uni (Jackie Robinson) mehrfach darum bat, und nach einem Besuch auf dem Campus, bei dem Abdul-Jabbar vor allem von Trainer John Wooden fasziniert war. Abdul-Jabbar beendete seine Highschool-Karriere mit insgesamt 2067 Punkten und 2002 Rebounds (beides New Yorker Rekorde). Er gilt neben LeBron James als der beste Highschool-Basketballspieler aller Zeiten.

Zu der Zeit, als Abdul-Jabbar bei UCLA anfing, war es College-Freshmen nicht erlaubt, für die Uni-Mannschaften (Varsity) zu spielen. Abdul-Jabbar spielte daher in der Saison 1965/66 in der sog. „Junior Varsity“ (Jugend Auswahl). In einem Spiel dieser JV gegen die „echte“ Mannschaft der UCLA gewann das Team von Abdul-Jabbar mit 75:60, und das völlig überraschend, denn UCLA war damals amtierender College-Meister.

Ab dem zweiten Jahr spielte Abdul-Jabbar für die „richtige“ Mannschaft der UCLA. Das Team, das einigen als das beste in der Geschichte des College-Basketballs gilt, blieb das gesamte Jahr ungeschlagen und gewann souverän die Meisterschaft, während Abdul-Jabbar zum besten Spieler des Landes gewählt wurde. Die NCAA fürchtete eine allzu große Dominanz des Centers Abdul-Jabbar, und verbot 1967 das Dunking im Spiel. Abdul-Jabbar aber machte aus der

Not eine Tugend und eignete sich eine neue Wurftechnik an, den „Hakenwurf“ (hook shot). Dieser Wurf ist durch die hohe Bewegung des Armes nur sehr schwer zu verhindern und war ein Grund für Abdul-Jabbars Dominanz in den Folgejahren.

Im folgenden Jahr hatte die UCLA jedoch einen starken Konkurrenten, die University of Houston, mit ihrem Starspieler Elvin Hayes. Am 20. Januar 1968 trafen beide (bis dahin ungeschlagene) Teams im mit über 52.000 Zuschauern ausverkauften Houston Astrodome aufeinander. Das Spiel wurde live im TV übertragen, zum ersten Mal in der Geschichte des College-Basketballs. Abdul-Jabbar, der mit einer Verletzung in das Spiel ging, konnte seine Mannschaft nicht wie gewohnt unterstützen und erzielte nur 15 Punkte. Angetrieben von einem glänzend spielenden Elvin Hayes (39 Punkte, 15 Rebounds) gewann Houston 71:69.

Im NCAA-Tournament unterlag Houston allerdings früh, und so gewann UCLA erneut die Meisterschaft. Der Titel des besten Spielers ging 1968 aber an Elvin Hayes, der nach der Saison in die NBA wechselte. In seiner letzten Saison, 1968/69, war Abdul-Jabbar wieder konkurrenzlose Nummer 1 im College-Basketball, und so gewann die UCLA den dritten Titel. Abdul-Jabbar beendete seine Karriere mit 2325 erzielten Punkten als bester Werfer in der Geschichte der UCLA.

Als großer Preis in der Draft von 1969 startete Abdul-Jabbar seine Profikarriere. Die Frage, zu welchem Team er wechseln würde, entschied sich zwischen den Phoenix Suns und den Milwaukee Bucks. Ein Münzwurf brachte die Entscheidung, der damals statt der heute üblichen Draft Lottery veranstaltet wurde. Gewinner waren die Bucks. Doch noch war Abdul-Jabbars NBA-Karriere nicht in trockenen Tüchern. Die Konkurrenzliga ABA hatte 1969 die Draftregeln außer Kraft gesetzt und den New York Nets die Rechte an Abdul-Jabbar zugesprochen, da dessen Wunsch, in die Heimatstadt zurückzukehren, bekannt war. Abdul-Jabbar bat beide Teams, Vertragsangebote einzureichen, und entschied sich anschließend für das lukrativere Angebot aus Milwaukee.

Schon seine Rookie-Saison verlief sehr erfolgreich; mit einem Schnitt von 28,8 Punkten und 14,5 Rebounds pro Spiel wurde er als Rookie des Jahres ausgezeichnet. 1970 holten die Bucks Oscar Robertson, eine Verpflichtung die sich bald bezahlt machen sollte. Denn in der Saison 1970/71 steigerte sich Abdul-Jabbar erneut, und wurde mit gerade 24 Jahren zum MVP der NBA gewählt. In den Playoffs schlugen dire Bucks (die damals noch in der Western Conference spielten) die Lakers mit Jerry West und Wilt Chamberlain, sowie den Vorjahreschampion, die New York Knicks.

In den Folgejahren blieben Abdul-Jabbars Leistungen konstant erstklassig, aber ein erneuter Titelgewinn mit Milwaukee gelang ihm trotzdem nicht. Abdul-Jabbar, der mittlerweile zum Islam konvertiert war und seinen Namen in Kareem Abdul-Jabbar geändert hatte, war enttäuscht, und verlangte 1975 einen Wechsel. Die Bucks willigten ein und sondierten die Angebote. Abdul-Jabbar hoffte auf ein Angebot der New York Knicks, die aber kein Interesse zeigten. So wechselte er zu den Los Angeles Lakers.

Sowohl 1976 als auch 1977 wurde Abdul-Jabbar zum MVP gewählt, aber einen Meistertitel zu gewinnen, gelang ihm auch mit den Lakers lange Zeit nicht. Das änderte sich, als 1979 ein junger Aufbauspieler namens Earvin „Magic“ Johnson zu den Lakers kam. Mit ihm als Partner von Abdul-Jabbar schafften die Lakers den ersten Finaleinzug seit acht Jahren. Im Finale traf man auf die Philadelphia 76ers mit Julius Erving, und gewann am Ende mit 4:2.

Nachdem Abdul-Jabbar 1985 zum MVP der NBA-Finalserie gewählt wurde, zeichnete Sports Illustrated den 38-Jährigen als Sportler des Jahres aus. Noch ein weiteres Jahr blieb Abdul-Jabbar der wichtigste Spieler der Lakers, dann musste er seinem hohen Alter Tribut zollen. Bei den Meisterschaften von 1987 und 1988 wurde nun Magic Johnson zum wichtigsten Spieler. In seiner letzten Saison, 1988/89 wurde Abdul-Jabbar mit 41 Jahren noch einmal ins All-

Star Game gewählt, als ältester Spieler überhaupt. Nach den verloren Finals von 1989 gegen die Detroit Pistons beendete er seine erstaunliche Karriere.

Kein anderer NBA-Spieler kann mit so vielen Auszeichnungen aufwarten: Sechsmal NBA-Meister, sechsmal MVP der regulären Saison, zehnmal ALL-NBA-First-Team, fünf Mal ALL-NBA-Defensive-First-Team, 19-mal All-Star-Team. Als er seine Karriere beendete stand er an der Spitze von neun NBA-Statistiken: die meisten Punkte überhaupt (38.387), gespielte Saisons (20), Punkte in den Playoffs erzielt (5762), Ernennung zum MVP (6-mal), gespielte Minuten (57.446), absolvierte Spiele überhaupt (1.560), versuchte Würfe und erzielte Treffer (15.837 von 28.307), und geblockte Schüsse (3.189).

Kareem Abdul-Jabbar sorgte auch neben dem Platz für Diskussionsstoff. Er beschäftigte er sich intensiv mit Geschichte, besonders mit der jüngeren US-amerikanischen und der des Jazz. Vielen Schwarzen dient er gerade deshalb als Vorbild, weil er auch für seine Bücher und sein Engagement außerhalb des Sports viele Preise erhielt. 1968 verzichtete er auf die Teilnahme an den Olympischen Spielen, um gegen die Diskriminierung Schwarzer in den USA zu protestieren. Seinen Namen änderte er von Alcindor zu Kareem Abdul-Jabbar, als er 1971 aus der katholischen Kirche austrat und zum Islam konvertierte. Sein großes Vorbild, so sagte er oft, sei Malcolm X.

Er schrieb aber nicht nur mehrere Bücher, sondern hatte auch in einigen Filmen Gastauftritte. Seine bekannteste Rolle hatte er wohl 1980 in dem Film „Die unglaubliche Reise in einem verrückten Flugzeug“. Auch in einigen Sitcoms hatte er Gastauftritte. Als Gegner von Bruce Lee spielte er mit ihm in dessen letztem, unvollendeten Film „Bruce Lee – Mein letzter Kampf“ mit. Dort war er Lees letzter Gegner in einer 5-stöckigen Pagode. Zudem ist er als Pixel-Version im Computerspiel Kung-Fu Master zu sehen.

Die achtziger Jahre sind heute als die Jahre der Lakers-Celtics-Rivalität bekannt. Die Hauptakteure hießen Larry Bird und Magic Johnson, die sich 1979 auch schon im Endspiel um die College-Meisterschaft gegenüberstanden. Bird führte die Celtics zu drei Meisterschaften, Magic gewann mit den Lakers sogar fünf.

Larry Bird wurde 1956 als viertes von sechs Kindern von Joe und Georgia Bird im ländlichen Indiana geboren. Angetrieben von seinen beiden älteren Brüdern erlernte er das Basketballspiel. 1970 spielte er seine erste Saison an der Springs Valley Highschool in French Lick. Anfangs nur ein durchschnittlicher Spieler, verbesserte er sich im Laufe der Jahre enorm. Im basketballverrückten Staat Indiana wurde Bird weit über die Grenzen seines Heimatortes hinaus bekannt.

In seinem letzten Highschool-Jahr erzielte er 30 Punkte und 17 Rebounds pro Spiel und zog das Interesse zahlreicher College-Basketballprogramme auf sich. Bird entschied sich für ein Stipendium der traditionsreichen Indiana University.

Larry Bird

Der Sprung ans College verlief für Bird problematischer als erwartet. Kurz nachdem er sich an der University of Indiana angemeldet hatte, verließ er die Uni und landete nach einer kurzzeitigen Studienzeit am Northwood Institute an der Indiana State University. Bird übernahm sofort die Führung des Teams und führte die Sycamores in seiner Senior-Saison bis ins NCAA Championship-Game. Dort scheiterte er jedoch mit seinem Team an den von einem gewissen Earvin Johnson angeführten Michigan State Spartans.

Vor der Saison 1979/80 wechselte er zum Team der Boston Celtics in die NBA, die ihn schon 1978 gedraftet hatten. Aus einer leidgeprüften Celtics-Franchise machte Bird binnen einer Spielzeit einen Championship-Anwärter. Der Rookie Bird führte sein Team zu einer 61:21-Bilanz und schlug letztendlich seinen Rivalen Magic Johnson im Rennen um den NBA Rookie of the Year Award. Allerdings war es Johnson, der die Lakers später zum Titel führte und Birds Leistung damit in den Schatten stellte.

Verstärkt durch Kevin McHale und Robert Parish gewannen die Celtics in der folgenden Saison die Meisterschaft. Bird entwickelte sich zum Team-Leader und zu einem der besten Forwards der NBA. Zusammen mit Magic Johnson sorgte er als Zuschauermagnet für die Wiederbelebung der NBA. Die Hallen füllten sich mit Fans, die sich die Vorstellungen des nicht zu stoppenden Crunch-Time Players Larry Bird nicht entgehen lassen wollten. Bird und Magic galten mittlerweile als Ausnahmeerscheinungen in der zuvor von kraftvollen Power-Playern beherrschten NBA.

Bird war mit einer Körpergröße von 2,06 Meter der beste Distanzschütze dieser Zeit, und wäre Magic Johnson nicht gewesen, hätte er die Liga nach Belieben dominiert. Dabei platzte Bird fast vor Selbstvertrauen und kündigte 40-Punkte-Spiele schon mal vor dem Tip-Off bei seinen Gegenspielern an. Bird entwickelte sich zu einem erstklassigen Verteidiger, obwohl er nicht sonderlich schnell auf den Beinen war. Das lag auch daran, dass er Spielzüge erkennen konnte, bevor sie überhaupt eingeleitet wurden. So sagt man. Drei Spielzeiten in Folge wurde Bird zum MVP gewählt und gewann 1984 und 1986 mit den Celtics seine Meisterschaften Nummer zwei und drei. Die Saison 1985–1986 entwickelte sich zur besten in Birds Karriere und machte ihn endgültig zur lebenden Legende. Er wurde MVP der Regular Season und der Finals, gewann den ersten 3-Point Shootout der NBA und führte die Celtics zu einer Bilanz von 67 Siegen bei 15 Niederlagen. In den zwei folgenden Seasons konnte er den Titel des gewonnenen 3-Point-Shootouts jeweils verteidigen. 1987 bot Bird als erster Spieler in der Geschichte der Celtics eine 40–20-Vorstellung – er erzielte 42 Punkte und 20 Rebounds gegen die Indiana Pacers.

Neben Larry Bird war Earvin „Magic“ Johnson der herausragende NBA-Spieler der 1980er Jahre. Der 2,06 Meter große Johnson spielte aufgrund seiner außergewöhnlichen Passfähigkeiten hauptsächlich als Point Guard, obwohl diese Position normalerweise kleineren Spielern vorbehalten ist.

Johnson wurde 1959 als sechstes von zehn Kindern in Lansing, der Hauptstadt des Bundesstaats Michigan, geboren. Sein Vater war Fließbandarbeiter bei General Motors und Christine, seine Mutter, arbeitete als Aufseherin in einer Schule. Johnson begann sich als kleiner Junge für Basketball zu begeistern. Er trainierte „den ganzen Tag“ und verehrte Spieler wie Earl Monroe und Marques Haynes. In einem Highschool-Spiel erzielte Johnson im Alter von 15 Jahren ein sogenanntes triple-double mit 36 Punkten, 18 Rebounds und 16 Assists. Von einem Sportjournalisten der Lokalzeitung Lansing State Journal wurde er daraufhin mit dem Spitznamen „Magic“ bedacht. In seinem Abschlussjahr führte Johnson das Schulteam mit durchschnittlich 28,8 Punkten und 16,8 Rebounds pro Spiel zu einer Saisonbilanz von 27 Siegen bei nur einer Niederlage und damit zum Gewinn der Schulmeisterschaft Michigans.

Johnson wurde von mehreren namhaften Colleges umworben, unter anderem Indiana und UCLA, wollte aber gern in der Nähe der Heimat bleiben. Zunächst favorisierte er die University of Michigan, entschied sich dann aber für die Michigan State University in East Lansing, nachdem ihm der Basketballcoach die Point-Guard-Position zugesichert hatte. Johnson strebte nicht von vornherein eine Karriere als Profisportler an, sondern konzentrierte sich auf sein Studium der Kommunikationswissenschaft mit dem Ziel, Fernsehkommentator zu werden. An der Seite der späteren NBA-Spieler Greg Kelser und Jay Vincent erzielte Johnson in seiner ersten Saison pro Spiel im Durchschnitt 17,0 Punkte, 7,9 Rebounds und 7,4 Assists. Die Spartans gewannen den Titel in der Big

Ten Conference und stießen bis ins Viertelfinale des Turniers auf Bundesebene vor, wo sie dem späteren Meister Kentucky Wildcats knapp unterlagen.

In der folgenden Saison qualifizierte sich Michigan State erneut für die Endrunde und erreichte diesmal das Finale, wo es dem Team der Indiana State University um Larry Bird gegenüberstand. Im meistgesehenen Spiel in der Geschichte des College-Basketballs gewann Michigan State mit 75:64, und Johnson wurde zum besten Spieler des Final-Four-Turniers gewählt. Nach zwei Jahren College, in denen er im Durchschnitt 17,1 Punkte, 7,6 Rebounds und 7,9 Assists erreicht hatte, verließ Johnson das College und meldete sich zum NBA-Draft 1979 an.

Johnson schrieb später in seiner Autobiographie, am „aufregendsten" an seiner Verpflichtung durch die Lakers sei es gewesen, dass er an der Seite von Kareem Abdul-Jabbar würde spielen können. Trotz dessen Spielstärke hatten die Lakers mit ihm noch keine Meisterschaft gewonnen und setzten nun auf Johnsons Unterstützung, um dieses Ziel zu erreichen. Johnson erzielte in dieser Saison im Durchschnitt 18,0 Punkte, 7,7 Rebounds und 7,3 Assists pro Spiel und wurde für das NBA All-Rookie Team ausgewählt sowie in die Startaufstellung im NBA All-Star Game gewählt. Die Auszeichnung für den besten Neuling der Saison (NBA Rookie of the Year Award) ging allerdings an seinen großen Rivalen Bird.

Die Lakers beendeten die reguläre Saison mit einer Bilanz von 60:22 Spielen und erreichten die Finals, wo sie den von Forward Julius Erving angeführten Philadelphia 76ers gegenüberstanden. Nach fünf Spielen führten die Lakers in der Finalserie mit 3:2. Allerdings hatte sich Abdul-Jabbar, der in der Serie bis dahin durchschnittlich 33 Punkte pro Spiel erzielt hatte, in Spiel 5 den Fuß verstaucht und fiel damit in Spiel 6 aus. Trainer Paul Westhead entschied sich, das Spiel mit Johnson auf der Center-Position zu beginnen; zeitweilig auch als Guard und als Forward spielend, gelangen Johnson beim 123:107-Sieg 42 Punkte, 15 Rebounds, 7 Assists und 3 Steals. Danach wurde Johnson als bis heute einziger Spieler in seiner Rookie-Saison als bester Spieler der Finalserie ausgezeichnet (NBA Finals MVP). Seine unter großem Druck vollbrachte Leistung in diesem Spiel wird als eine der besten in der Geschichte der NBA angesehen. Außerdem wurde er zu einem von vier Spielern, die ein Jahr nach dem College-Titel gleich in ihrer ersten Saison auch in der NBA den Titel gewannen.

Anfang der Saison 1980/81 zog sich Johnson einen Meniskusriss im linken Knie zu, durch den er insgesamt 45 Spiele verpasste. In seiner Autobiographie schrieb er später, während seiner Reha-Zeit sei er so niedergeschlagen („most down“) gewesen wie nie zuvor. Rechtzeitig zu den Playoffs kehrte er in die

Mannschaft zurück, für die sich die Lakers mit einer Bilanz von 54:28 qualifizierten.

Hakeem Olajuwon

Das Team spielte gegen die Houston Rockets, die sich mit einer Bilanz von 40:42 für die Playoffs qualifiziert hatten. Überraschend setzte sich Houston mit 2:1 durch; dabei vergab Johnson in Spiel 3 kurz vor Schluss die Chance zum Sieg. Nach der Saison unterschrieb Johnson einen Vertrag über 25 Jahre, der ihm, beginnend im Jahr 1984, pro Jahr eine Million Dollar zusicherte. Dies war zu diesem Zeitpunkt sowohl der am längsten laufende als auch der höchstdotierte Vertrag eines Sportlers überhaupt.

1981 hatte Johnson einen Streit mit Trainer Paul Westhead, dessen Training und Taktik das Team seiner Ansicht nach zu „langsam" und „leicht ausrechenbar" machte. Als er wechseln wollte, feuerte Jerry Buss, der Besitzer der Lakers, den Trainer. Johnson bestritt, für die Entlassung verantwortlich zu sein, wurde aber trotzdem von vielen Fans ausgepfiffen, auch von Fans der Lakers. Trotz der Kontroversen war er auf dem Spielfeld erfolgreich: Im Durchschnitt gelangen ihm 18,6 Punkte, 9,6 Rebounds, 9,5 Assists sowie 2,7 Steals (Ligaspitze) pro Spiel. Darüber hinaus erreichte er als dritter Spieler nach Wilt Chamberlain und Oscar Robertson 700 Punkte, 700 Rebounds und 700 Assists in einer Saison. Die Lakers zogen zum zweiten Mal innerhalb von drei Jahren ins NBA-Finale ein, wo sie den Philadelphia 76ers gegenüberstanden. Mit einem Triple-Double von Johnson gewann Los Angeles Spiel 6 und damit die Serie mit 4:2. Johnson wurde zum zweiten Mal als wertvollster Spieler des NBA-Finales ausgezeichnet (NBA Finals MVP Award). In seiner Autobiographie äußerte er später, die Lakers seien in dieser Saison zu einer Spitzenmannschaft avanciert, und schrieb diesen Erfolg Trainer Riley zu.

In der Saison 1982/1983 erreichten die Lakers zum dritten Mal innerhalb von vier Jahren das NBA-

Finale, wo sie wie bei beiden vorangegangenen Finalteilnahmen erneut auf die Sixers trafen. Sowohl 1980 als auch 1982 hatte Los Angeles das Finale für sich entschieden und war daher für Philadelphia zum Angstgegner geworden. Nun jedoch waren Johnsons Teamgefährten Norm Nixon, James Worthy und Bob McAdoo von Verletzungen gehandicapt, und Philadelphia gewann die Serie klar mit 4:0 Spielen.

In der mittlerweile dritten Saison in Folge gelangten die Lakers im folgenden Jahr wieder bis ins Finale, wo sie erstmals den von Larry Bird angeführten Boston Celtics gegenüberstanden. Das erste Spiel gewannen die Lakers. Im zweiten Spiel führten sie 18 Sekunden vor Schluss mit zwei Punkten Vorsprung, jedoch glichen die Celtics durch einen Korbleger von Gerald Henderson aus. Johnson kam nicht mehr zum Wurf, und nach Verlängerung gewann Boston mit 124:121. In Spiel 3 führte Johnson die Lakers mit 21 Assists zu einem 137:104-Sieg, machte dafür in Spiel 4 gegen Ende erneut einige entscheidende Fehler. So verlor er in der letzten Spielminute den Ball an Robert Parish, den Center der Celtics; außerdem vergab er zwei Freiwürfe, die unter Umständen den Sieg bedeutet hätten. Nach Verlängerung entschieden die Celtics das Spiel für sich und glichen damit die Serie zum 2:2 aus. Spiel 5 gewannen erneut die Celtics, Spiel 6 aber wieder die Lakers. Im letzten Spiel lagen die Lakers in der Schlussminute mit drei Punkten zurück, als Dennis Johnson, der gegnerische Point Guard, Johnson den Ball abnahm. Die Chance auf den Ausgleich war damit vergeben und das Spiel entschieden. Im Schnitt gelangen Johnson in den sieben Spielen 18,0 Punkte (bei einer Wurfquote von 56 %), 13,6 Assists und 7,7 Rebounds. Johnson beschrieb das 1984er Finale später als „denjenigen Titel, den wir verdient gehabt hätten, aber nicht bekommen haben."

In der Saison 1984/85 erzielte Johnson im Schnitt 18,3 Punkte, 12,6 Assists und 6,2 Rebounds pro Spiel und führte die Lakers erneut ins Finale, wiederum gegen die Celtics. Dort erwischten sie einen schwachen Start: Im ersten Spiel ließen die Lakers 148 Punkte der Celtics zu – eine neue Rekordpunktzahl für Finalspiele – und verloren mit 34 Punkten Differenz. Angeführt von Johnson und Abdul-Jabbar steigerte sich das Team. Der mittlerweile 38-jährige Abdul-Jabbar erreichte im zweiten Spiel 30 Punkte und 17 Rebounds und steuerte im fünften Spiel 36 Punkte zum Sieg und damit zur 3:2-Führung bei. Johnson beendete die Serie mit einem Schnitt von 18,3 Punkten (bei einer Wurfquote von 49,4 %), 14,0 Assists und 6,8 Rebounds. Nach dem 4:2-Sieg über die Celtics bezeichneten sowohl Abdul-Jabbar als auch Johnson den Titelgewinn als den Höhepunkt ihrer Karriere.

Zum zweiten Mal nach der Saison 1983/84 erreichte Johnson in der Saison 1985/86 im Schnitt mit

18,6 Punkten, 12,6 Assists und 5,9 Rebounds pro Spiel ein Double-Double. Die Lakers stießen bis in die Western Conference Finals vor, unterlagen dort aber den Houston Rockets und verpassten damit zum ersten Mal seit der Spielzeit 1980/81 das NBA-Finale. In der darauffolgenden Saison stellte Johnson mit durchschnittlich 23,9 Punkten eine Karrierebestmarke auf, dazu kamen 12,2 Assists und 6,3 Rebounds pro Spiel. Seine Leistungen brachten ihm zum ersten Mal den Titel als bester Spieler der regular season (Most Valuable Player, MVP) ein. In den Finals trafen die Lakers zum dritten Mal auf die Celtics. Dabei versenkte Johnson in Spiel 4 über die Hände von Robert Parish und Kevin McHale hinweg in letzter Sekunde einen Hakenwurf (hook shot). Der Wurf entschied das Spiel mit 107:106 zugunsten der Lakers, und Johnson taufte ihn (bezugnehmend auf die berühmten „sky hooks“ seines Teamgefährten Abdul-Jabbar) seinen „junior, junior, junior sky-hook“. Los Angeles gewann die Spielserie mit 4:2, und mit durchschnittlich 26,2 Punkten (bei einer Wurfquote von 54,1 %), 13,0 Assists, 8,0 Rebounds und 2,3 Steals wurde Johnson zum dritten Mal zum wertvollsten Spieler der Finals gekürt.

Bei der Meisterfeier versprach Trainer Pat Riley für die Spielzeit 1987/88 die Verteidigung des Titels, obwohl dies seit 1969 keinem Team mehr gelungen war. Im Finale mussten die Lakers über sieben Spiele gehen; gegen die aufgrund ihres körperbetonten Spiels auch als „Bad Boys“ bezeichneten Detroit Pistons stand es nach sechs Spielen 3:3. In Spiel 7 erreichte James Worthy, der nach der Serie als MVP der Finals ausgezeichnete Forward der Lakers, mit 36 Punkten, 16 Rebounds und 10 Assists das erste triple-double seiner Karriere und führte sein Team zu einem 108:105-Sieg.

Johnsons 22,5 Punkte, 12,8 Assists und 7,9 Rebounds pro Spiel brachten ihm in der Saison 1988/89 seinen zweiten MVP-Titel ein. Die Lakers qualifizierten sich wieder für das NBA-Finale, erneut gegen die Detroit Pistons. Nachdem sich Johnson in Spiel 2 verletzt hatte, waren die Lakers ohne Chance und verloren die Serie glatt mit 0:4.

Die Spielzeit 1989/90 war die erste Saison ohne Abdul-Jabbar, der seine Karriere beendet hatte. Johnson erreichte im Schnitt 22,3 Punkte, 11,5 Assists und 6,6 Rebounds und wurde zum dritten Mal als bester Spieler der Saison ausgezeichnet. Durch ihre Niederlage in den Western Conference Finals gegen die Phoenix Suns schieden die Lakers allerdings so früh in den Playoffs aus wie seit neun Jahren nicht mehr. In der Saison 1990/91 erreichten die Lakers ein weiteres Mal das NBA-Finale, wo sie den von Michael Jordan angeführten Chicago Bulls gegenüberstanden. Die Finalserie wurde zum großen Duell zwischen Johnson und Jordan stilisiert, der als bester Spieler seiner Generation angesehen wird. Jedoch verteidigte die meiste Zeit Forward Scottie Pippen gegen Johnson. Trotz zweier Triple-Doubles von Johnson führte Jordan, der auch als Finals MVP ausgezeichnet wurde, die Bulls zu einem 4:1-Sieg.

Bei einer Routineuntersuchung vor der Saison 1991/92 wurde Johnson positiv auf HIV getestet. In einer Pressekonferenz am 7. November 1991 gab er daraufhin sein sofortiges Karriereende bekannt. In einer Auflistung der unvergesslichsten Momente der letzten 25 Jahre, die der Sportsender ESPN im Jahr 2004 erstellte, wurde Johnsons Pressekonferenz auf Rang sieben gesetzt. Viele Artikel lobten Johnson als Held, und US-Präsident George H. W. Bush erklärte: „Für mich ist Magic ein Held, ein Held für alle, die Sport lieben". Johnson erklärte, seine Frau Cookie und ihr ungeborenes Kind hätten kein HIV, und dass er sich dem „Kampf gegen diese tödliche Krankheit" widmen werde. Zunächst bestritt Johnson zu wissen, wie er sich die Krankheit zugezogen habe, begann aber später von seinen Sex-Affären mit Frauen zu berichten, um als warnendes Beispiel zu dienen. Zu dieser Zeit hatten sich nur wenige HIV-Infizierte bei heterosexuellem Geschlechtsverkehr angesteckt, sodass trotz Johnsons Dementis Gerüchte kursierten, er sei homo- oder bisexuell.

Obwohl er seine Karriere beendet hatte, wurde Johnson von Fans in die Startaufstellung für das

1992er NBA All-Star Game gewählt. Seine früheren Teamgefährten Byron Scott und A. C. Green äußerten die Ansicht, er solle nicht antreten. Auch Karl Malone (Forward der Utah Jazz) und mehrere andere aktive Spieler machten sich Sorgen, dass sie im Falle einer offenen Wunde von Johnson infiziert werden könnten. Johnson führte den Westen zu einem 153:113-Sieg und wurde mit 25 Punkten, 9 Assists und 5 Rebounds zum MVP des Spiels gekürt (All-Star MVP Award). In der letzten Sekunde erzielte Johnson noch einen Dreier; anschließend stürmten Spieler beider Teams auf das Spielfeld, um ihm zu gratulieren.

Vor den Olympischen Spielen 1992 war die für den Basketball bis dahin geltende Amateur-Regel des Internationalen Olympischen Komitees weggefallen. Während sich das US-Team früher jeweils aus jungen College-Spielern zusammengesetzt hatte, konnten nun erstmals in der Geschichte die besten US-amerikanischen Profi-Basketballer in einem gemeinsamen Nationalteam antreten. Diese erstmalige Zusammenführung der in der NBA traditionell auf sehr viele Teams verstreuten Stars gilt vielen als die größte Ansammlung von Superstars in der Geschichte der NBA. Die älteren „Legenden" der 1980er Jahre wie Magic Johnson und Larry Bird trafen sich mit jüngeren Stars wie Charles Barkley, Scottie Pippen und Michael Jordan.

Die mit Superstars gespickte Mannschaft dominierte den Wettbewerb erwartungsgemäß nach Belieben. Eingestiegen war das „Dream Team“ mit einem haushohen 116:48-Sieg gegen Angola, der vor allem deshalb bemerkenswert war, da die angolischen Basketballer Fotos mit ihren berühmten Gegenspielern machen ließen, statt sich auf das Spiel zu konzentrieren. Das „Dream Team“ gewann alle Spiele mit großem Vorsprung. So betrug der Vorsprung im Halbfinale gegen Litauen, das vier amtierende Olympiasieger aus der Sowjetzeit in seinen Reihen hatte, am Ende 51 Punkte. Am knappsten war es noch im Finale gegen Kroatien, als die US-Mannschaft mit 32 Punkten Abstand siegte. Die kroatische Mannschaft wurde angeführt von Dražen Petrović, der Stars wie Toni Kukoč, Dino Rađa und Stojan Vranković an seiner Seite hatte. Dennoch war das Team in beiden Spielen gegen die Amerikaner chancenlos. Im gesamten Turnierverlauf nahm die sportliche Leitung der US-Auswahl keine einzige Auszeit.

Die Spielweise des „Dream Teams“ war geprägt von einer starken Manndeckung und sehr vielen Schnellangriffen, die vor allem aus zahlreichen Ballgewinnen in der Defensive resultierten. Auch die schwache Wurfquote des jeweiligen Gegners in Verbindung mit der Rebound-Überlegenheit der Amerikaner war in jedem Spiel ausschlaggebend für den Sieg. Kritisch ist anzumerken, dass das „Dream

Team" besonders in Person von Charles Barkley und Karl Malone des Öfteren eine sehr harte Spielweise praktizierten, die von den Schiedsrichtern in den seltensten Fällen geahndet wurde. Barkley wurde zusätzlich wegen beleidigenden Äußerungen gegenüber anderen Mannschaften scharf kritisiert. Die gegnerischen Mannschaften gerieten deswegen oft aus dem Rhythmus und früh in Rückstand, was die Dominanz der US-Amerikaner entsprechend steigerte. Nur im Finale war Kroatien in der Lage, eine Zeitlang dem Anfangsdruck standzuhalten, auch, da es das zweite Spiel gegen die Amerikaner war.

Vor Beginn der NBA-Saison 1992/93 gab Magic Johnson seine Rückkehr in die NBA bekannt. Nachdem er trainiert und bereits an mehreren pre-season games teilgenommen hatte, machte er die Entscheidung jedoch wieder rückgängig. Als Grund gab er die Diskussionen an, die mehrere aktive Spieler ausgelöst hatten, weil sie seine Rückkehr ablehnten. In der folgenden Zeit schrieb Johnson ein Buch über Safer Sex, war verschiedentlich geschäftlich aktiv, arbeitete für NBC als Co-Kommentator und tourte mit einem Team aus früheren Collegespielern und NBA-Spielern durch Asien und Australien. Außerdem erwog er, ein NBA-Team zu kaufen.

In die NBA kehrte Johnson 1994 zurück, als die Lakers die Playoffs zu verpassen drohten. Trainer

Randy Pfund wurde entlassen und Johnson für die letzten 16 Spiele der Saison zum Nachfolger bestimmt. Das Team gewann fünf der ersten sechs Spiele unter seiner Leitung, konnte nach den anfänglichen Erfolgen aber kein weiteres für sich entscheiden und verpasste erstmals seit 1976 die Playoffs. Johnson trat als Trainer zurück, und im Juni 1994 erwarb er einen Anteil von 5 % an den Lakers. In der Saison 1995/96 kehrte der mittlerweile 36 Jahre alte Johnson noch einmal für die letzten 32 Saisonspiele als Spieler zurück. Auf der Power-Forward-Position spielend erreichte er dabei durchschnittlich 14,6 Punkte, 6,9 Assists und 5,7 Rebounds. Nach der Niederlage gegen die Houston Rockets in der ersten Runde der Playoffs beendete er seine Karriere endgültig.

Die neunziger Jahre wurden das Jahrzehnt des Michael Jordan. Jordan gewann mit den Chicago Bulls zwischen 1991 und 1998 sechs Meisterschaften, und machte durch seine spektakuläre Spielweise die NBA in der ganzen Welt populär.

Die Chicago Bulls gehören durch ihre Erfolge in den 1990er Jahren zu den weltweit bekanntesten Franchises der NBA. Die Bulls waren das dritte NBA-Team, das in Chicago beheimatet war. Vor ihnen gab es bereits die Stags von 1946 bis 1950 und die Packers, die sich 1962 in Zephyrs umbenannten und seit 1997 als Washington Wizards bekannt sind. Die Bulls starteten mit der besten Siegesquote, die je ein Expansion Team in der NBA hatte, in die Saison 1966/67. Sie verbesserten sich in den kommenden Jahren weiter, erreichten jedoch nie die Spitze der Liga. Während der 70er-Jahre waren sie als eher körperlich spielendes, defensiv-orientiertes Team bekannt. Abgesehen von einem Division-Titel 1975 konnten sie jedoch keine nennenswerten Titel erringen. Ende der 70er und Anfang der 80er-Jahre zählten die Bulls zu den schlechteren Teams der NBA.

Die große Wende für die Chicago Bulls kam im Sommer 1984 als sie den dritten Pick im kommenden NBA Draft bekamen. Die Houston Rockets sicherten sich Hakeem Olajuwon mit dem ersten Pick, die Portland Trail Blazers holten sich Sam Bowie mit dem zweiten Pick und die Bulls konnten sich die Rechte an dem jungen, aufstrebenden Talent Michael Jordan sichern.

Michael Jordan wurde 1963 in New York geboren, wuchs aber im ländlichen Wilmington, North Carolina auf. Dort besuchte er ab 1977 die Laney Highschool. Obwohl er noch in der 10. Klasse an der Aufnahme ins Basketballteam scheiterte, brachte ihm eine enorme Leistungssteigerung in den zwei Folgejahren das Interesse von Talentscouts sowie mehrere Angebote für Sportstipendien. So entschied er sich 1981 für die University of North Carolina in Chapel Hill (UNC). Bereits in seinem ersten Jahr im Team der UNC Tar Heels gewann Jordan die NCAA-Meisterschaft. Im Finale 1982 gegen die Georgetown Hoyas traf er den entscheidenden Korb zur Führung kurz vor Ende des Spiels. Obwohl anfangs nur Mitläufer, entwickelte sich Jordan unter dem legendären Coach Dean Smith zum Leistungsträger. Nach dem Abgang von James Worthy, dem entscheidenden Spieler beim Gewinn der Meisterschaft, wurde Jordan zum wichtigsten Spieler im Team. Doch trotz sensationeller Einzelleistung (Topscorer der ACC) blieb der Teamerfolg aus. Auch 1984 misslang den hochfavorisierten Tar Heels der Einzug ins College-Finale. Trotzdem gewann Jordan die Auszeichnung zum Spieler des Jahres. Danach begann seine Zeit bei den Chicago Bulls.

Die von Besitzer Jerry Reinsdorf und General Manager Jerry Krause gelenkten Chicago Bulls entschieden sich 1984 dafür, ihr Team um den jungen Shooting Guard von der University of North Carolina aufzubauen. In seinem ersten Jahr stellte Michael Jordan teaminterne Rekorde bei Punkten und Steals auf und führte die Bulls in die Playoffs. Belohnt wurde er dafür mit der Wahl zum NBA Rookie of the Year und seiner Wahl in das All-NBA Second Team.

Nach der Saison holten sich die Bulls John Paxson, der zusammen mit Michael Jordan und Dave Corzine in den kommenden beiden Jahren den Großteil des Angriffs der Mannschaft bilden sollte. Jordan brach sich in der Saison 1985/86 den Fuß und musste lange aussetzen, jedoch kehrte er rechtzeitig für die Playoffs wieder zurück. Die Bulls mussten sich den Boston Celtics rund um den etablierten NBA Superstar Larry Bird stellen und verloren, Jordan stellte in dieser Serie im zweiten Spiel den nach wie vor NBA-weit gültigen Playoff-Punkte-Rekord von 63 Punkten auf. Bird bezeichnete Jordan nach dem Spiel als „Gott, der sich als Michael Jordan verkleidet hatte“. In der folgenden Saison führte Jordan mit seinen 37,1 Punkten pro Partie die Liga an und wurde der erste Spieler der Bulls, der jemals in ein All-NBA First Team gewählt wurde. In den Playoffs scheiterten sie jedoch erneut an den Celtics.

Der folgende Draft sowie ein Spielertausch brachten den Bulls Scottie Pippen und Horace Grant ein. In der Saison konnten die Bulls 50 Siege einfahren und Jordan wurde zum MVP der regulären Saison ernannt. Sein Team scheiterte aber in den Playoffs an den Detroit Pistons. Vor der Saison 1988/89 gab es einige personelle Änderungen im Team der Bulls, Charles Oakley verließ die Mannschaft während Bill Cartwright, Will Perdue und Craig Hodges hinzukamen. Trotz dieser Veränderung mussten die Bulls sich dem angehenden Meister, den Detroit Pistons, in den Playoffs nach sechs Spielen geschlagen geben. In der Saison 1989/90 führte Jordan die Liga zum vierten Jahr in Folge in der Punkte-Kategorie an. Scottie

Pippen wurde erstmals zum NBA All-Star ernannt, und Phil Jackson übernahm das Ruder als neuer Coach der Mannschaft. Stacey King und B. J. Armstrong verstärkten die Mannschaft auf dem Feld, erneut reichte es in den Playoffs nicht um gegen die amtierenden und erneut angehenden Meister, die Detroit Pistons, zu gewinnen.

Michael Jordan

In der NBA Saison 1990/91 konnten die Bulls erstmals 61 Siege für sich verbuchen und befanden sich klar auf dem Weg in die NBA Finals. Sie fegten die amtierenden Meister aus Detroit in vier Spielen aus den Eastern Conference Finals und setzten sich am 12. Juni 1991 in der Finalserie nach fünf Spielen gegen die Los Angeles Lakers und deren Superstar Magic Johnson durch. Michael Jordan wurden sowohl zum MVP der regulären Saison als auch der NBA Finals gewählt.

Die folgende Saison war noch erfolgreicher für die Mannschaft aus Chicago, die es nach dem Titelgewinn vollbrachte 67 Siege einzufahren. Der Weg in die NBA Finals war für dieses Team quasi programmiert und in der Finalserie bezwangen sie nach sechs Spielen die Portland Trail Blazers rund um Clyde Drexler. Jordan wurde erneut zum MVP der regulären Saison sowie der NBA Finals gekürt. In der NBA Saison 1992/93 wurde Charles Barkley von den Phoenix Suns zum MVP der regulären Saison gewählt. In den NBA Finals trafen die beiden Bulls auf ebendiese Mannschaft und konnten sich in sechs Spielen, auf ihrem Weg zum dritten Titel in Folge, durchsetzen. Jordan wurde zum dritten Mal in Folge zum MVP der NBA-Finales gewählt. Er stellte dabei zusätzlich mit 41 Punkten pro Partie einen neuen NBA-Final-Rekord auf.

Auf dem Höhepunkt seines Schaffens erklärte Michael Jordan am 6. Oktober 1993 völlig überraschend sein Karriereende. Kurz zuvor war sein Vater ermordet worden. Jordan beschloss, den Wunsch seines

Vaters zu erfüllen und Profi-Baseballer zu werden. In den kommenden Jahren spielte er mit mäßigem Erfolg bei den Birmingham Barons, einem Minor League Baseball-Team der Chicago White Sox. Am 10. März 1995 begann in der MLB ein Spielerstreik und der Spielbetrieb kam zum Erliegen. Jordan begann daraufhin wieder mit den Bulls zu trainieren, was nach und nach an die Öffentlichkeit drang wurde. Am 18. März verkündete er kurz "I'm back" und spielte den Rest der Saison 94/95 in der NBA. In den Conference Halbfinals wurden die Bulls überraschend von den jungen Orlando Magic um Shaquille O'Neal geschlagen, sodass Zweifel an Jordans Leistungsfähigkeit aufkamen.

Doch bereits in der Saison darauf stellten die Bulls, verstärkt durch Verteidigungs-Spezialist Dennis Rodman, mit einer Bilanz von 72-10 gewonnenen Spielen einen neuen NBA-Rekord an Siegen in einer Saison auf. In den Playoffs der Saison 95/96 wurden die Orlando Magic deutlich geschlagen und im Finale nach ein paar Schwierigkeiten auch die Seattle Super-Sonics. Jordan wurde MVP der Saison, des Allstar-Games und der Finalserie, was zuvor einzig Willis Reed in einer Saison gelungen war. In den zwei Folgejahren 1997 und 1998 gewannen die Bulls wieder den Meistertitel, diesmal jeweils gegen die Utah Jazz um Karl Malone und John Stockton, die in zwei durchaus ausgeglichenen Serien besiegt wurden. Michael Jordan schaffte mit seinen Bulls dadurch bereits zum zweiten Mal den sogenannten Three-Peat, also drei aufeinanderfolgende NBA-Meistertitel zu erringen, was in den Medien allgemein als großer Repeat Three-Peat gefeiert wurde. Ein Kunststück, das bisher einzigartig in der NBA-Geschichte ist.

Im Alter von 35 Jahren dachte Jordan erneut über ein Karriereende nach. Am 13. Januar 1999 verkündete er schließlich seinen Entschluss, zum zweiten Mal zurückzutreten. Neben anderen geschäftlichen Tätigkeiten übernahm er bei den Washington Wizards den Posten des Team-Managers. Zur Saison 2001/02 kehrte der inzwischen 38-jährige Jordan ein weiteres Mal in die NBA zurück. Diesmal unterzeichnete er für zwei Spielzeiten bei den Washington Wizards, einem bestenfalls mittelmäßigen Team. Sein Jahresgehalt der Saison 2001/02 von (für NBA-Verhältnisse geringen) einer Million US-Dollar spendete er den Hinterbliebenen der Terroranschläge am 11. September 2001.

Die Wizards schafften trotz Jordan weder in der Saison 2001/02 noch ein Jahr später den Einzug in die Playoffs, jedoch gelangen Jordan einige weitere NBA-Rekorde. Beim NBA-Allstar Game 2003 überbot er Kareem Abdul-Jabbar als All-Time-Leading Scorer der All-Star Games. Am 21. Februar 2003 gelang es Jordan als erstem 40-jährigen NBA-Spieler, mehr als 40 Punkte in einem Spiel zu machen.

Zum Ende der Saison 2003 erklärte Jordan im Alter von 40 Jahren seinen dritten, endgültigen Rücktritt vom Leistungssport. Am 16. April bestritt er sein letztes Spiel für die Wizards, welches in einer 87:107 Niederlage gegen die Philadelphia 76ers endete. In diesem Spiel erzielte er 15 Punkte, 4 Assists und 4 Rebounds.

Ein paar Jahre spielte Michael Jordan mit Dennis Rodman in einem Team, der als einer der besten Verteidiger und Rebounder der NBA-Geschichte gilt. Dennis Rodman wurde 1962 in New Jersey geboren, wuchs aber in Dallas, Texas auf. Seine Mutter zog ihn und seine zwei jüngeren Schwestern allein auf, nachdem sein Vater die Familie kurz nach seiner Geburt verlassen hatte. Rodman spielte von 1986 bis 1993 bei den Detroit Pistons. Die Mannschaft war für ihre hervorragende Defense und ihre raue Spielweise bekannt. Mit den Pistons gewann er 1989 und 1990 die NBA-Meisterschaft. Am 1. April 2011 hielten die Pistons in der Halbzeit eines Spiels gegen die Chicago Bulls zu Rodmans Ehren eine Zeremonie ab. Seit diesem Tag wird seine Trikotnummer bei den Pistons nicht mehr vergeben.

1993 wechselte Rodman zu den San Antonio Spurs und zur Saison 1995/1996 zum Erfolgsteam der Chicago Bulls um Michael Jordan und Scottie Pippen. Verstärkt durch Dennis Rodman schrieben die Chicago Bulls NBA-Geschichte.

Rodman hatte als bester Rebounder der Liga, durch seine sehr guten Defensivleistungen und seine Kampfbereitschaft großen Anteil an der herausragenden Mannschaftsleistung der Basketballer aus Chicago. Er galt allerdings als Bad Boy der NBA, da er immer wieder durch sehr rüpelhaftes Verhalten und Beleidigungen – auf und neben dem Basketballfeld – auf sich aufmerksam machte. Von diesen Eskapaden rührt auch sein Spitzname „the menace“ („die Gefahr“ oder „die Bedrohung“) her. Aufsehen erregte Rodman auch durch seine exzentrischen Haarfärbungen. Er wurde sieben Mal Rebound-Champion und erzielte einen Karriereschnitt von 13,1 Rebounds pro Spiel. In der Zeit nach Jordans Karriereende versuchte er immer wieder in der NBA Fuß zu fassen, unter anderem bei den Denver Nuggets, schaffte es jedoch nie. So beendete er nach einem letzten Versuch bei den Dallas Mavericks im Jahr 2000 seine Karriere.

Zwischen 1997 und 1999 trat er zwischenzeitlich in der ehemaligen Wrestlingliga WCW (World Championship Wrestling) auf, in der er der nWo, einer Gruppierung unter der Leitung von „Hollywood“ Hulk Hogan beitrat und somit der Liga wieder zu hohen Einschaltquoten und ausverkauften Hallen verhalf. Im Jahr 1998 folgte ihm sein NBA-Kollege Karl Malone in die WCW. Am 12. Juli 1998 trafen dann beide in einen Tag Team Match beim „Bash at the Beach“ aufeinander, Karl Malone teamte dabei mit dem Wrestler DDP, während sich Rodman mit Hollywood Hogan zusammentat. Ein Jahr später absolvierte dann Rodman bei der Veranstaltung „Road Wild“ seinen letzten Auftritt für die WCW. In einem Match ohne Regeln unterlag er dort „Macho Man“ Randy Savage. Die Erfolge der WCW durch die Auftritte von Rodman führten dazu, dass viele weitere Stars Auftritte in Wrestling-Ligen hatten (darunter 1999 Mike Tyson oder auch Arnold Schwarzenegger in der WWE).

Jordans Rücktritt am 13. Januar 1999 hinterließ ein Vakuum, das für lange Zeit kein Spieler der NBA füllen konnte. Die Popularität der Liga sank vor allem in den USA erneut ab. Dazu kam, dass die Gehälter der meisten Spieler ins Unermessliche wuchsen, was die Teambesitzer nun nicht mehr bezahlen wollten. Die Verhandlungen über einen neuen Tarifvertrag scheiterten, und so kam es zum Spielerstreik, dem Lockout.

Ein Lockout ist eine Aktion seitens der Teambesitzer im US-Sport (ähnlich der deutschen Aussperrung im Streikrecht). Anders als in Europa werden grundlegende Vertragseinzelheiten zwischen Spielern und Vereinen durch eine Spielergewerkschaft und Vertreter der Ligavereine ausgearbeitet. Unter anderem werden dort Gehaltsobergrenzen und Werberechte der Spieler festgelegt. Können sich die Parteien nicht einigen, kann es zum Streik einzelner Spieler kommen, oder die Liga kann einen Lockout verhängen, welcher zu einer verkürzten Spielzeit oder zur Absage der gesamten Saison führen kann.

Die Saison begann in der Folge erst Anfang Februar 1999 und musste von 82 auf 50 Spiele verkürzt werden. Das NBA All-Star Game, welches normalerweise Mitte Februar stattfindet, fiel aus. Die NBA-Profis verweigerten auch den Dienst in der Nationalmannschaft. So mussten die Vereinigten Staaten bei der Basketball-Weltmeisterschaft 1998 mit Spielern aus niedrigeren Ligen wie der CBA oder den College-Spielklassen sowie Akteuren aus Europa antreten.

Seit der Saison 1999/2000 galt Shaquille O'Neal als zentrale Figur der NBA, und auch wenn er nie Jordans Popularität erreichte, war er ihm in puncto Dominanz ebenbürtig. O'Neal wurde 1972 geboren, sein Stiefvater war als Sergeant der US Army einige Jahre in Wildflecken (Bayern) stationiert, deshalb wuchs O'Neal teilweise in Deutschland auf und ging in Fulda zur Schule. Er selbst bezeichnet diese Zeit in Deutschland als prägend. 1987 zog die Familie nach San Antonio, wo O'Neal zum Starspieler der Cole Highschool avancierte. Sein Team verlor in 69 Begegnungen nur ein Spiel. Zwei Jahre später begann er ein Studium an der Louisiana State University und wurde innerhalb kurzer Zeit der herausragende Spieler der

College-Liga. Obwohl er mehrere Rekorde aufstellte, konnte er trotz seiner dominanten Spielweise nicht verhindern, dass sein Team stets früh ausschied. In seinem dritten Collegejahr beschloss er, sein Studium frühzeitig abzubrechen.

Beim NBA-Draft 1992 wurde er als erster ausgewählt. Er begann seine Profikarriere bei den Orlando Magic. In seiner zweiten Saison konnte er in einem Spiel zwei persönliche Rekorde verbuchen, die bis heute Bestand haben: er holte am 20. November 1993

28 Rebounds und verzeichnete 15 Blocks in einem Spiel gegen die New Jersey Nets. Von Anfang an zählte er zu den besten Spielern der NBA und wurde folgerichtig in die Auswahl des All-Star-Games von 1993 gewählt. Eine Ehre, die ihm seitdem mit Ausnahme des Jahres 1999, in dem kein All-Star-Spiel ausgetragen wurde, bis zur NBA-Saison 2005/06 jedes Jahr wieder zuteilwurde. Bereits 1995 stand er mit den noch jungen Orlando Magic im Finale der NBA, unterlag dort allerdings den erfahrenen Houston Rockets. Auf dem Weg ins Finale schlugen die Magic die Chicago Bulls von Michael Jordan, was von vielen als Machtwechsel in der NBA gedeutet wurde. Doch bereits im Jahr darauf schlug Jordan wie bereits erwähnt zurück, und statt den Magic zogen die Bulls ins NBA-Finale ein.

Überraschenderweise wechselte O'Neal 1996 zu den Los Angeles Lakers, vermutlich wegen interner Querelen mit Teamkollege Anfernee Hardaway. Zwar erreichten die Lakers jedes Jahr die Playoffs, doch endeten diese wiederholt enttäuschend für den Verein. 2000 holten die Lakers den Erfolgscoach der Bulls, Phil Jackson, und mit ihm kamen die Titel. Zwischen 2000 und 2002 gewannen die Lakers drei Meistertitel, und O'Neal wurde dabei jeweils mit dem Titel des Finals-MVP (wertvollster Spieler der Final-Serie) ausgezeichnet. Er ist damit nach Michael Jordan erst der zweite Spieler, dem diese Leistung gelang. In der Saison 1999/2000 wurde er beinahe einstimmig zum MVP (wertvollster Spieler) gewählt, 2000 (zusammen mit Tim Duncan), 2004 und 2009 (zusammen mit Kobe Bryant) jeweils zum besten Spieler des NBA All-Star Games. Er wurde darüber hinaus achtmal in das All-NBA-First-Team berufen, zweimal in das All-NBA-Second-Team, viermal in das ALL-NBA-Third-Team und dreimal in das ALL-NBA-Defensive-Second-Team. 1996 wurde er zu einem der 50 besten NBA-Spieler aller Zeiten gewählt.

Durch seine Körpergröße von 2,16 m, einer Schuhgröße von 60 und einem Gewicht von etwa 150 kg zeichnet er sich durch außergewöhnliche Kraft, aber auch Beweglichkeit im Lowpost aus. Damit galt er jahrelang als bester Spieler auf der Center-Position. Bis zur Saison 2007/08 erzielte er durchschnittlich 25,2 Punkte pro Spiel und holte im Schnitt 11,5 Rebounds. Die große Schwäche von O'Neal waren Würfe aus größerer Distanz. So hat er in 1423 Saison- und Playoff-Spielen nur 22 Drei-Punkte-Würfe probiert, von denen er nur einen verwandete, und konnte darüber hinaus nur knapp über 50 % seiner Freiwürfe verwandeln. Um diese Freiwurfschwäche auszunutzen und O'Neal unter dem Korb zu stoppen, entwickelte Don Nelson die Hack-a-Shaq-Taktik, bei der O'Neal absichtlich und gezielt gefoult wurde. Am 25. Dezember 2008 erreichte er im Spiel gegen San Antonio mit seiner Freiwurfschwäche eine Marke, die vor ihm nur Wilt Chamberlain erreicht hatte: 5.000 verworfene Freiwürfe. In seiner gesamten Karriere kam er in der regulären Saison auf 5.317 Fehlwürfe von der Freiwurflinie, Altmeister Wilt Chamberlain hatte 5.805 Fehlwürfe.

Yao Ming

Mit Kobe Bryant bildete O'Neal lange Zeit ein als unbesiegbar geltendes Erfolgsduo. Er war der erste Sportler, der sich mit seinen Hand- und Fußabdrücken am Hollywood Boulevard vor dem Grauman's

Chinese Theatre verewigen durfte. Kobe Bean Bryant (geb. 1978) spielte seit 1996 für die Los Angeles Lakers auf der Position des Shooting Guards. Noch während Bryant in der High School war, lud ihn der damalige Coach der 76ers, John Lucas, dazu ein, mit seiner Mannschaft zu trainieren. Seine High School-Basketballkarriere beendete Bryant als Spieler mit den meisten Punkten (2.883) in Southeastern Pennsylvania. Mit seinem SAT von 1080 hätte Bryant sich für diverse Colleges entscheiden können, doch er fällte die Entscheidung, sich im Alter von 17 Jahren direkt für den NBA Draft anzumelden.

Kobe Bryant wurde im NBA Draft 1996 an 13. Stelle von den Charlotte Hornets gewählt und am 1. Juli 1996 im Austausch für den Center Vlade Divac an die Los Angeles Lakers weitergegeben. Da er damals noch 17 Jahre alt war, mussten seine Eltern seinen ersten NBA-Vertrag ebenfalls mitunterzeichnen. In seiner ersten Saison, der so genannten Rookie-Saison, kam Bryant meistens von der Bank ins Spiel. Eddie Jones und Nick Van Exel sahen beide mehr Spielzeit als das junge Ausnahmetalent, das zu dem damaligen Zeitpunkt der jüngste Spieler war, der je an einem NBA-Spiel teilnahm (der Rekord wurde seitdem von Jermaine O'Neal und Andrew Bynum unterboten). Er nahm in seinem ersten Jahr ebenfalls am Slam Dunk Contest teil und wurde im Alter von 18 Jahren zum jüngsten Slam Dunk Champion in der Geschichte der

NBA. Aufgrund seiner Leistungen auf dem Spielfeld wurde er in das NBA All-Rookie Second Team gewählt.

Kobe Bryant

In den Playoffs verabschiedeten sich die Lakers in der zweiten Runde gegen die Utah Jazz in einem von Bryants unrühmlichsten Momenten auf einem Basketballfeld. Er warf drei Air-Balls in den entscheidenden Momenten des letzten Spiels der Serie, einen potentiellen spielentscheidenden Wurf im vierten Viertel und zwei Dreipunktewürfe in der letzten Minute der Verlängerung. Shaquille O'Neal sagte Jahre später dazu, dass Bryant der einzige Spieler war, der überhaupt den Mumm hatte, diese Würfe zu nehmen.

In seiner zweiten Saison bekam Bryant immer mehr Spielzeit und konnte dadurch u.a. seinen Punkteschnitt von 7,6 auf 15,4 Punkte pro Spiel erhöhen. Er wurde zum jüngsten NBA All-Star Game Starter in der Geschichte der NBA und am Ende der Saison kam er auf Platz zwei der Wahl zum NBA Most Improved Player. In der folgenden Saison schaffte Bryant seinen endgültigen Durchbruch als einer der besten Guards der Liga. Die Lakers trennten sich von Eddie Jones und Nick Van Exel und schafften mehr Spielzeit für Bryant, der in der Lockout-verkürzten Saison 1998-1999 in allen 50 Spielen der Lakers in der Startaufstellung stand. Während der Saison unterzeichnete er eine Vertragsverlängerung über sechs Jahre im Gesamtwert von 70 Millionen Dollar. Schon nach dieser kurzen Zeit verglichen ihn viele Journalisten bereits mit Superstars wie Michael Jordan und Magic Johnson. In den Playoffs gab es jedoch weiterhin keine Steigerung und man musste sich in der zweiten Runde nach vier Spielen den San Antonio Spurs geschlagen geben.

1999 wurde Phil Jackson zum neuen Head Coach der Lakers ernannt. Nach drei Spielzeiten in der NBA und der stetigen Verbesserung in Bryants Spiel war dieser als einer der besten Shooting Guards der Liga etabliert. Er wurde in diesem Zeitraum in das All-NBA, All-Star und All-Defensive Team gewählt und die Center-Guard Kombination von Shaquille O'Neal und Kobe Bryant machte die Lakers Jahr für Jahr zu einem der Meisterschaftsanwärter. Jackson brachte seinem Team die so genannten "Triangle Offense" bei, die schon zu sechs Titeln mit den Chicago Bulls geführt hatte.

Während der Preseason der NBA-Saison 1999/2000 verletzte Bryant sich an der Hand und die Lakers mussten die ersten sechs Wochen der regulären Saison gänzlich auf ihn verzichten. Nach seiner Rückkehr stand Bryant im Schnitt über 38 Minuten pro Partie auf dem Spielfeld und führte seine Mannschaft in Assists und Steals pro Spiel an. Die Lakers konnten in dieser Saison 67 Siege einfahren und hatten somit die fünftbeste Quote in der Geschichte der NBA. Am Ende der Saison wurde O'Neal zum MVP der regulären Saison gewählt während Bryant in das All-NBA Second Team und als jüngster Spieler in der Geschichte der NBA in das All-NBA Defensive Team gewählt wurde. In den NBA Finals standen die Lakers den Indiana Pacers gegenüber und konnten sich nach sechs Spielen ihre erste NBA-Meisterschaft seit 1988 holen. In der NBA-Saison 2000/01 blieben Bryants Statistiken größtenteils gleich, nur sein Punkteschnitt schoss um sechs Punkte auf 28,5 Punkte pro Partie hoch. Man hörte erstmals von Konfrontationen und

Schwierigkeiten zwischen O'Neal und Bryant, doch die Lakers konnten dennoch 56 Siege einfahren. In einer der besten Playoff-Darbietungen, die es jemals in der NBA gab, gewannen die Lakers auf ihrem Weg zur Titelverteidigung 15 Spiele und verloren nur eines. Während den Playoffs konnte Bryant 29,4 Punkte, 7,3 Rebounds und 6,1 Assists pro Spiel für seine Mannschaft verzeichnen. Zum zweiten Mal in Folge wurde Bryant in das All-NBA Second Team und All-NBA Defensive Team und im dritten Jahr in Folge in das All-Star Game gewählt.

In der folgenden Spielzeit nahm Bryant erstmals an 80 Spielen seiner Mannschaft teil, schaffte es im Schnitt auf 25,2 Punkte, 5,5 Rebounds und 5,5 Assists pro Partie und seine Trefferquote war mit 46,9 % höher denn je. Er wurde erneut in das NBA All-Star und das All-NBA Defensive Team gewählt, doch dieses Jahr zum ersten Mal auch in das All-NBA First Team. Die Lakers konnten in dieser Saison 58 Siege einfahren, doch in den Playoffs gab es in diesem Jahr einige Stolpersteine zu beseitigen. Sie setzten sich in den ersten beiden Runden in jeweils fünf Spielen gegen die Portland Trail Blazers und die Spurs durch, hatten in den Western Conference Finals aber keinen Heimvorteil gegen die Sacramento Kings. Diese Serie erstreckte sich über sieben spannende Spiele und die Lakers konnten sich letztendlich durchsetzen. In den NBA Finals 2002, die die Lakers gegen die New Jersey Nets mit 4:0 gewannen, hatte Bryant einen Schnitt von 26,8 Punkten, 5,8 Rebounds und 5,3 Assists bei einer Trefferquote von 51,4 % aus dem Feld. Im Alter von 23 Jahren war er der jüngste Spieler, der je drei Meisterschaften gewinnen konnte. In diesem Jahr wurde er besonders für seine Leistungen in den entscheidenden Momenten der Playoff-Spiele gelobt und als so genannter „Clutch"-Spieler anerkannt: ein Spieler, der am Ende einer Partie weiß was zu tun ist um den Sieg einfahren zu können.

In der Saison 2002/03 verzeichnete Bryant im Schnitt 30,0 Punkte, 6,9 Rebounds, 5,9 Assists und 2,2 Steals pro Partie – alles damalige Karrierebestleistungen. Außerdem konnte er in neun aufeinanderfolgenden Spielen 40 Punkte oder mehr erzielen. In 14 Spielen im Februar 2003 erzielte Kobe 40,6 Punkte pro Spiel. 16 Spiele in Folge erzielte Bryant mindestens 30 Punkte (29. Januar - 28. Februar 2003), was ebenfalls eine neue Bestmarke bedeutete. Er wurde dank seiner Leistungen in das All-NBA und in das All-Defensive First Team gewählt und landete auf Platz drei bei der Wahl zum MVP der regulären Saison. Die Lakers konnten in dieser Saison 50 Spiele gewinnen, verloren aber in der zweiten Runde der Playoffs nach sechs Spielen gegen die San Antonio Spurs. Vor der folgenden Saison, 2003/04, konnte sich das Team mit den NBA-All-Stars Karl Malone und Gary Payton verstärken. Die beiden Neuzugänge sollten dafür sorgen, dass die Mannschaft nicht so früh aus den Playoffs ausschied wie in der Saison zuvor. Ebenfalls bevor die Saison begann, wurde Bryant ein sexueller Übergriff vorgeworfen, der dazu führte, dass er während der Saison aufgrund von Terminen vor Gericht einige Spiele verpassen musste. Mit vier künftigen Hall-of-Fame-Spielern in ihren Reihen erreichten die Lakers die NBA Finals, in denen sie sich jedoch bereits nach fünf Spielen den Detroit Pistons geschlagen geben mussten.

Nach der Saison wurde Phil Jacksons Vertrag nicht erneuert. Nach der Niederlage gegen die Detroit Pistons bat Shaquille O'Neal den General Manager der Los Angeles Lakers um Erlaubnis, den Verein verlassen zu dürfen. Kurz darauf wurde er gegen drei Spieler (Caron Butler, Lamar Odom, Brian Grant und einen Erstrunden-Draft-Pick 2005) der Miami Heat getauscht. Dort bildete er gemeinsam mit Dwyane Wade wiederum ein kongeniales Duo, mit dem er in der Saison 2005/06 seine insgesamt vierte NBA-Meisterschaft gewann.

Kobe Bryant hingegen verlängerte seinen Vertrag bei den Los Angeles Lakers um sieben Jahre. Bryants Image war aufgrund der Ereignisse des Vorjahres sehr mitgenommen. Die Anschuldigung wegen sexuellen Missbrauchs, der Weggang von Shaquille O'Neal und ebenso der Weggang von Phil Jackson ruinierten den

Ruf des Shooting Guards der Lakers. Jackson ging so weit, ein Buch zu verfassen, "The Last Season: A team in search of its soul", in dem er Details über die Lakers in der NBA-Saison 2003/04 niederschrieb und Kobe Bryant dabei unter anderem als uncoachbar bezeichnete. Jacksons Nachfolger als Coach, Rudy Tomjanovich, verließ die Lakers aus gesundheitlichen Gründen mitten in der neuen Saison 2004/05 und sein Assistenzcoach Frank Hamblem übernahm die Führung der Lakers. Obwohl Bryant die zweitbeste Punkteausbeute aller NBA Spieler hatte, reichte es für die Lakers nicht für den Einzug in die Playoffs. Bryant wurde nicht in das NBA All-Defensive Team gewählt und erreichte in diesem Jahr „nur“ das All-NBA Third Team.

Für die Saison 2004/05 galten die Kräfteverhältnisse als ausgeglichen wie schon lange nicht mehr. Am Ende setzten sich erneut die San Antonio Spurs durch und gewannen gegen die Detroit Pistons die Meisterschaft.

Die NBA-Saison 2005/06 rückte Bryant langsam wieder zurück in das rechte Licht. Trotz Differenzen mit Bryant, entschied sich Phil Jackson dazu, erneut sein Amt als Coach der Lakers anzutreten. Bryant stand dabei voll und ganz hinter dem Coach. Am 20. Dezember 2005 erzielte Bryant in einem Spiel gegen die Dallas Mavericks in den ersten drei Vierteln 62

Punkte, während das gesamte Team der Mavericks nur 61 hatte. Bryant hatte damit eine bis dahin nie vollbrachte Leistung erbracht und betrat im vierten Viertel gar nicht mehr das Spielfeld. Normalerweise wurde Bryant dafür kritisiert, dass er zu egoistisch spielen würde, doch nach diesem Spiel prangerten diverse Journalisten an, dass er sich die Chance auf eine einmalige Leistung hatte entgehen lassen indem er im letzten Viertel gänzlich aussetzte.

Am 16. Januar 2006, vor einem Spiel zwischen den Miami Heat und den Los Angeles Lakers, machten Shaquille O'Neal und Kobe Bryant Schlagzeilen indem sie sich die Hände schüttelten, sich kurz umarmten und somit scheinbar ihre langjährige Fehde begruben. Sechs Tage später erzielte Bryant bei einem Sieg über die Toronto Raptors unglaubliche 81 Punkte. Damit brach er nicht nur den mannschaftsinternen Rekord von 71 Punkten, den Elgin Baylor aufgestellt hatte, sondern er erzielte die zweithöchste Punktzahl in einem NBA-Spiel überhaupt. Nur Wilt Chamberlain konnte mit 100 Punkten 1962 mehr Punkte für sich verbuchen als Bryant. Am Ende der Saison hatte Bryant zwei weitere Rekorde der Lakers gebrochen: Die meisten Punkte (2.832) und die meisten 40-Punkte-Spiele (27) in einer Saison. Mit seinen 35,4 Punkten pro Partie im Schnitt führte er die Lakers zu 45 Siegen und wurde zum Top-Scorer der laufenden Saison, aber nur Vierter bei der Wahl zum MVP der regulären Saison. In der ersten Runde der Playoffs verloren die Lakers trotz einer 3:1-Führung gegen die Phoenix Suns um deren Anführer Steve Nash, der der MVP der regulären Saison geworden war, noch mit 3:4.

Die NBA-Saison 2006/07 brachte Bryant seine neunte Wahl zum All-Star Game ein und seine 31 Punkte, sechs Assists und sechs Steals machten ihn zum NBA All-Star Game MVP. Am 16. März 2007 erzielte Bryant seine Saison-Bestleistung von 65 Punkten in einem Sieg über die Portland Trail Blazers, der gleichzeitig auch die achte Niederlage der Lakers in Folge verhinderte. Im folgenden Spiel schenkte er den Minnesota Timberwolves 50 Punkte ein und im darauffolgenden Spiel erzielte er 60 Punkte gegen die Memphis Grizzlies. Er wurde nach Elgin Baylor zum zweiten Spieler der Lakers dem es gelang drei Spiele in Folge mindestens 50 Punkte zu erzielen, und er war der Erste seit Michael Jordan 1987 dem dieses Kunststück gelang. Im folgenden Spiel gegen die New Orleans Hornets erzielte er genau 50 Punkte und wurde somit zum einzigen Spieler neben Wilt Chamberlain der vier 50-Punkte-Spiele in Folge für sich verbuchen konnte. Am Ende der Saison hatte er zehn 50-Punkte-Spiele – eine weiteres Kunststück, das bisher nur Chamberlain und Bryant in einer Saison gelang. Bryant war erneut der Top-Scorer der Saison. In den Playoffs scheiterten die Lakers jedoch ein weiteres

Mal in der ersten Runde an den Phoenix Suns, diesmal bereits nach fünf Spielen.

Am 23. Dezember 2007 wurde Bryant mit 29 Jahren und 122 Tagen der jüngste Spieler in der Geschichte der NBA, der 20.000 Punkte in seiner NBA Karriere erzielen konnte. Er nahm trotz einer ernsthaften Verletzung seines kleinen Fingers an seiner Wurfhand an allen 82 Spielen der Lakers teil und führte sie zu 57 Siegen – der Bestwert in der Western Conference in dieser Saison. Dank der guten Mannschaftsleistung und seinen individuellen Leistungen auf dem Spielfeld wurde Bryant erstmals zum MVP der regulären Saison gewählt. In den Playoffs setzten sich die Lakers auf ihrem Weg in die NBA Finals gegen die Denver Nuggets, die Utah Jazz und die San Antonio Spurs durch. In den Finals mussten sie sich jedoch nach sechs Spielen den Boston Celtics rund um Paul Pierce, Kevin Garnett und Ray Allen geschlagen geben.

Die NBA-Saison 2008/09 begann mit elf Siegen für die Lakers. Nach 19 Spielen und 17 Siegen hatten die Lakers den besten Saisonstart in der Geschichte der Mannschaft eingestellt. Am 2. Februar 2009 erzielte Bryant 61 Punkte in einem Spiel gegen die New York Knicks und stellte damit den Rekord für die meisten Punkte eines Spielers im Madison Square Garden auf. Bryant wurde außerdem zum elften Mal in Folge in die Startaufstellung des NBA All-Star

Games gewählt und war zusammen mit Shaquille O'Neal Co-MVP des Spiels. Am Ende der Saison hatten die Lakers 65 Siege und Bryant landete hinter LeBron James auf Platz 2 der Wahl zum MVP der regulären Saison. Kobe wurde zum siebten Mal in seiner Karriere in das All-NBA und das All-Defensive First Team gewählt. Nachdem sich die Lakers gegen die Utah Jazz, die Houston Rockets und die Denver Nuggets durchgesetzt hatten, standen sie erneut in den NBA Finals. Diesmal konnten sie sich nach fünf Spielen gegen die Orlando Magic behaupten und Bryant konnte sich seine vierte NBA Meisterschaft sowie seine erste NBA Finals MVP Auszeichnung sichern.

In der folgenden Saison 2009/10 wurde Bryant zum jüngsten Spieler in der Geschichte der NBA, dem es gelang, 25.000 Punkte in seiner NBA-Karriere zu erzielen. Am 2. April 2010 verlängerte er seinen Vertrag bei den Lakers um weitere drei Jahre für 87 Millionen Dollar Gesamtgehalt. In den Playoffs setzte sich seine Mannschaft in sechs Spielen gegen die Oklahoma City Thunder, in vier Spielen gegen die Utah Jazz und in weiteren sechs Spielen gegen die Phoenix Suns durch. In den NBA Finals standen die Lakers den Boston Celtics, dem NBA-Meister von 2008, gegenüber. In sieben spannenden Spielen konnten die Lakers sich behaupten und ihre zweite Meisterschaft in Folge erringen. Bryant wurde somit zum fünften

Mal Meister und zum zweiten Mal in Folge der MVP der NBA Finals. Er nannte diese Meisterschaft, die "befriedigendste seiner bisherigen fünf Meisterschaften".

In dieser Zeit tauchte ein neuer Stern am NBA-Himmel auf: LeBron James. Der 1984 geborene James spielt seit 2003 in der NBA, seit 2010 bei den Miami Heat. James ist 2,03 m groß und läuft als Small Forward auf. Da er dabei aber die Aufgaben eines Point Guards übernimmt, wird er auch als Point Forward bezeichnet. In Anspielung auf frühere englische Könige wird er „King James" genannt. Ein weiterer Spitzname ist „The Chosen One" („Der Auserwählte").

James wurde als Einzelkind in einem armen Viertel der Industriestadt Akron in Ohio geboren. Seine Mutter Gloria James war zum Zeitpunkt der Geburt erst 16 Jahre alt und stand wenige Monate vor Abschluss der Highschool. Die Familie lebte meist von einem niedrigen Einkommen, zog von Wohnung zu Wohnung und war oft auf die Unterstützung durch die Wohlfahrt angewiesen. Zeitweise musste Gloria James ihren Sohn in die Obhut einer Pflegefamilie geben. Durch seinen Pflegevater Frankie Walker lernte James im Alter von neun Jahren das Basketballspiel kennen. Sein herausragendes Talent wurde früh erkannt und verschaffte ihm ein Stipendium an der privaten katholischen St.Vincent-St.Mary-Highschool.

James begann seine Highschoollaufbahn als das herausragende Basketballtalent im Bundesstaat Ohio. Er maß bereits 1,92 m und startete als Point Guard für die Irish. Im Januar 2001 trafen die Irish erstmals auf die Mannschaft der Oak Hill Academy aus Virginia, einem Internat, das Basketballspieler landesweit rekrutiert und daher Jahr für Jahr eines der besten Teams der USA stellt. Obwohl die Irish mit 68:69 verloren, erschien James durch diesen Beinaheerfolg im Rampenlicht. Interviews mit dem SLAM Magazine und anderen Sportzeitschriften sollten folgen.

John Lucas, zum damaligen Zeitpunkt Cheftrainer der Cleveland Cavaliers, lud James in der Offseason 2002 zum Training mit den Cavs ein. Da dies nach NBA-Regularien untersagt war, wurde Lucas für einige Spiele der 2002/03 Saison gesperrt. Da das öffentliche Interesse an James derart gewachsen war, entschied sich der Sportsender ESPN zum ersten Mal in der Geschichte ein Highschool-Spiel landesweit live zu übertragen. James lieferte eines seiner besten Spiele. Zum 18. Geburtstag erhielt James einen Hummer H2 im Wert von 80.000 US-Dollar, was zum Skandal wurde. Es wurde spekuliert, ob das Fahrzeug ein Geschenk eines NBA-Teams oder Sportartikelherstellers sei. Die Annahme derartiger Geschenke von Dritten ist Spielern nach den Regeln der Highschool-

Sportverbände in den USA verboten. Wie sich kurze Zeit später herausstellte, hatte James' Mutter ihrem Sohn jenes Fahrzeug geschenkt, nachdem sie zuvor einen Kredit aufgenommen hatte. Wenig später verkündete James seinen Wechsel in die NBA.

Wenig überraschend war seine Entscheidung, die College-Ausbildung zu überspringen und stattdessen direkt in die NBA zu wechseln. Sein Heimatteam, die Cleveland Cavaliers, holte ihn mit der ersten Wahl des NBA-Drafts 2003. In seinem ersten NBA-Spiel (gegen die Sacramento Kings) erzielte James 25 Punkte, 9 Assists, 6 Rebounds und 4 Steals. Am 27. März 2004 erzielte er in einem Spiel gegen die New Jersey Nets 41 Punkte und wurde damit der jüngste Spieler in der Geschichte der NBA, der die 40-Punkte-Marke knacken konnte. Die vormaligen Kellerkinder der Liga führte James in seiner ersten Saison beinahe in die Play-offs, und er wurde für diese Leistung als bester Neuling der NBA (Rookie of the Year) geehrt. 2007 wurde James als jüngster Spieler aller Zeiten in das All-NBA-1st-Team gewählt, wobei er die meisten Stimmen bekam.

In der NBA-Saison 2007/08 erreichte LeBron James am 27. Februar 2008 im Alter von 23 Jahren und 59 Tagen als jüngster Spieler aller Zeiten in der NBA mehr als 10.000 Punkte und schloss die Saison als Spieler mit den meisten Punkten pro Spiel (30,0) ab. Außerdem wurde er abermals zum MVP des „NBA

All-Star Game 2008" ernannt; in diesem Spiel schaffte er fast ein Triple-Double. LeBron James erzielte in der gesamten regulären Saison sieben Triple-Doubles, was ein neuer persönlicher Rekord war.

Derrick Rose

Im Jahre 2007 verstärkte sich Cleveland mit dem vierfachen NBA-Champion Shaquille O'Neal. Am 19. März erzielte James 29 Punkte und durchbrach als jüngster Spieler der NBA-Geschichte die 15.000-Punkte-Marke mit 25 Jahren und 79 Tagen. Bisheriger

Rekordhalter war Kobe Bryant mit 27 Jahren und 136 Tagen. LeBron wurde zu seinem sechsten All-Star Game in Folge gewählt und die Cavaliers verstärkten sich während der Saison erneut mit der Verpflichtung von Antawn Jamison. Am Ende der Saison 2009/10 konnten die Cavaliers zum zweiten Jahr in Folge die beste Siegesquote aufstellen und LeBron James wurde erneut zum MVP gewählt. Von 116 der 123 stimmberechtigten Sportjournalisten wurde er dabei auf Platz 1 gewählt. In den NBA Playoffs konnten sich die Cavaliers in der ersten Runde gegen die Chicago Bulls durchsetzen, doch mussten sich bereits in der zweiten Runde den Boston Celtics geschlagen geben. Im fünften Spiel der Serie, das auch LeBron James letztes Heimspiel in Cleveland werden sollte, verloren die Cavaliers mit 32 Punkten Unterschied – die höchste Heimniederlage in der Geschichte des Teams.

Am 9. Juli 2010 gab James seinen Wechsel zu den Miami Heat bekannt. Dort bildete er mit zwei weiteren Top-5-Picks des NBA-Draft 2003, Dwyane Wade und Chris Bosh die sogenannten „Big Three“ (analog zu dem Team um Paul Pierce, Kevin Garnett und Ray Allen in Boston). James begründete seinen Wechsel damit, dass Gewinnen das einzige für ihn wäre, was zählen würde, und er in Miami die besten Chancen sähe, die Meisterschaft zu gewinnen. In den Playoffs 2011 schien für die Miami Heat alles nach Plan zu laufen. Miami konnte sowohl gegen die Boston

Celtics als auch gegen die Chicago Bulls um Derrick Rose mit 4:1 Spielen gewinnen und in die NBA Finals 2011 einziehen. In den Finals trafen James und die Heat dann in einer Neuauflage der NBA-Finals 2006 auf die Dallas Mavericks um den Deutschen Dirk Nowitzki, und unterlagen mit 2:4, obwohl es zu Anfang der Serie ganz danach aussah, als ob die Miami Heat den zweiten Titel ihrer Vereinsgeschichte gewinnen würden. Vorher hatten die Dallas Mavericks um den deutschen Star Dirk Nowitzki bereits die L.A. Lakers ausgeschaltet, wo mit dem Ausscheiden auch die Ära von Phil Jackson, der die Lakers zu fünf Meisterschaften geführt hatte, endete.

Dirk Nowitzki („German Wunderkind“) war nicht der erste Deutsche in der NBA. Detlef Schrempf (geb. 1963) spielte von 1985 bis 2001 in der Regel als Small Forward und war bei den Fans unter seinem Spitznamen „Det the Threat“ bekannt. Als erster Europäer überschritt Detlef Schrempf die Marke von 15.000 Punkten und ist bis heute nach Dirk Nowitzki der zweitbeste Europäer in dieser Kategorie. Mittlerweile besitzt Schrempf die US-amerikanische Staatsbürgerschaft.

Nach seinem Karrierestart bei Bayer 04 Leverkusen besuchte Schrempf die High School in Centralia im US-Bundesstaat Washington, deren Team er zum Titel in Washington führte. Anschließend studierte er an der University of Washington in Seattle International Business und spielte für die University of Washington Huskies. Im NBA-Draft 1985 wurde er von den Dallas Mavericks an achter Stelle ausgewählt. 1989 wechselte er zu den Indiana Pacers, wo er 1991 und 1992 zum besten Einwechselspieler der NBA („Sixth Man Award") gekürt wurde. 1993 folgte der Wechsel nach Seattle zu den Seattle SuperSonics. Hier feierte Schrempf neben seiner Zeit bei den Indiana Pacers die größten Erfolge und zog 1996 an der Seite von Gary Payton und Shawn Kemp in das NBA-Finale ein. Gegen die Chicago Bulls mit Superstar Michael Jordan verlor Seattle allerdings die Serie mit 2:4. 1999 wechselte Schrempf zu den Portland Trail Blazers, wo er aber – in einem zerstrittenen Team – nicht mehr an seine früheren Erfolge anknüpfen konnte. Nach zwei Jahren beendete er 2001 seine Spielerkarriere.

Dirk Nowitzkis Mutter war ebenso wie seine Schwester Basketball-Nationalspielerin. Über Turnen, Handball und Tennis kam Nowitzki selbst jedoch erst mit 13 Jahren zum Basketball in der Schulmannschaft seines Gymnasiums. Sein Mentor Holger Geschwindner entdeckte ihn im Sommer 1995 zufällig und überzeugte ihn bald, sich ganz auf Basketball zu konzentrieren. 1998 verhalf er dem DJK Würzburg zum Aufstieg in die Basketball-Bundesliga. Die Scouts der NBA wurden auf den 19-jährigen aufmerksam, als er am 29. März 1998 in San Antonio, Texas beim alljährlichen Nike Hoop Summit eine Junioren-Weltauswahl gegen die besten US-Talente mit einer überragenden Leistung zum Sieg führte (33 Punkte, 14 Rebounds und 3 Steals). Auch bei der U22-Junioren-Europameisterschaft in Italien überzeugte er, zum Beispiel im Spiel gegen Litauen mit 34 Punkten. Daraufhin wurde Nowitzki beim NBA-Draft 1998 als 9. Spieler gedraftet.

Aufgrund des Spielerstreiks in der NBA spielte Nowitzki zunächst weiter in Deutschland, es wurde seine bislang einzige Bundesligasaison (1998/99). Obwohl er nur bis Januar 1999 spielte, wurde er zum Basketballer des Jahres gewählt. Im NBA Draft 1998 wurde er von den Milwaukee Bucks an neunter Stelle ausgewählt und anschließend zu den Dallas Mavericks transferiert. Dirk Nowitzki war damit der erste deutsche Basketballspieler, der direkt aus Europa in die NBA wechselte.

Sein erstes NBA Spiel absolvierte Nowitzki in der durch einen Lockout verkürzten Saison 1998/99 am 5. Februar 1999 gegen die Seattle SuperSonics mit Detlef Schrempf. Mit dem großen Erwartungsdruck tat sich Nowitzki in seinem ersten NBA-Jahr schwer. Klar war von Anfang an nur, dass er ein außergewöhnlich talentierter Basketballspieler ist. Schon in seiner zweiten Saison verbesserte sich der junge Deutsche in allen Belangen deutlich, was ihm Platz 2 bei der Wahl des Most Improved Player der NBA einbrachte. Er konnte sich als ein Führungsspieler seines Teams etablieren. Seit der Spielzeit 2000/01 war Nowitzki regelmäßig der erfolgreichste Korbjäger der Mavericks. In dieser Saison hatte er zusammen mit Michael Finley und Steve Nash entscheidenden Anteil daran, dass sich Dallas zum ersten Mal seit elf Jahren wieder für die Playoffs qualifizieren konnte. Dort verloren die Mavericks in der zweiten Runde 1:4 gegen die San Antonio Spurs, nachdem zuvor die Utah Jazz mit 3:2 besiegt wurden. Nowitzki wurde erstmals ins All-NBA Third Team gewählt.

Tyrus Thomas

Vor der Saison 2002/03 wurde Nowitzki von den NBA-Vereinspräsidenten zum besten ausländischen Spieler der NBA gewählt. In den NBA-Play-offs 2003, in denen er mit den Dallas Mavericks das Halbfinale erreichte, gelang ihm mit 46 Punkten in einem

Spiel ein neuer Vereinsrekord. Am 2. Dezember 2004 konnte er den Vereinsrekord für die meisten Punkte in einem Spiel gegen die Houston Rockets mit 53 Punkten überbieten. Im Februar 2006 gewann Nowitzki den Dreipunkte-Wettbewerb des 55. NBA All-Star-Wochenendes. Nowitzki ist der erste Europäer in der Geschichte der NBA, der ins All-NBA-First-Team (2005–2007, 2009) gewählt wurde.

In der Saison 2005/06 brach er einen weiteren Teamrekord der Mavericks, indem er 60 Freiwürfe nacheinander traf. Im Herbst 2010 konnte er diesen Rekord sogar noch steigern, als er erst nach 82 verwandelten Freiwürfen in Folge wieder einen verwarf. Nowitzki führte sein Team wieder in die Playoffs und nach dem vierten Sieg im sechsten Spiel gegen die Phoenix Suns sogar zum ersten Mal in der Geschichte der „Mavs" ins Finale. Im fünften Spiel des Halbfinales erzielte er 50 Punkte und sorgte damit nicht nur für die Wende in der Serie, sondern baute seinen Punkterekord in einem Playoff-Spiel aus. Im NBA-Finale trafen die Mavericks auf die Miami Heat und unterlagen mit 2:4 Siegen, obwohl sie bereits mit 2:0 in Führung gelegen hatten.

Nach der bitteren Finalniederlage startete Dallas mit vier Niederlagen in die Saison 2006/07. Trotzdem führte Nowitzki die Mavericks mit Trefferquoten von über 50 % aus dem Feld und über 90 % von der Freiwurflinie zu einer bemerkenswerten Saison mit 67

Siegen in 82 Spielen. Dallas liegt mit dieser Saison auf einem geteilten sechsten Platz der besten je erreichten Siegquoten in einer Spielzeit. Am 17. Februar 2007 wurde Nowitzki als erster Maverick und erster Europäer in die Starting Five des NBA All-Star Games berufen. Zudem wurde er am Ende der *regular season* zum wertvollsten Spieler der NBA gewählt. In der ersten Runde der Playoffs trafen die Mavericks auf die Achtplazierten Golden State Warriors mit Don Nelson, dem ehemaligen Trainer von Dallas. Schon in der regulären Saison verloren die Mavericks alle drei Spiele und auch das erste Spiel der Serie ging in Dallas klar verloren, woran Nowitzki mit nur 25 % Trefferquote einen großen Anteil hatte. Er steigerte sich und mit ihm sein Team, sodass das zweite Spiel gewonnen werden konnte und die Serie beim Stand von 1:1 nach Oakland wechselte. Dort gingen aber beide Spiele verloren. Nowitzki brachte solide Leistungen, insgesamt war aber vor allem die Defensive der Mavericks überfordert. Das fünfte Spiel konnte Dallas zu Hause auch durch 30 Punkte und 12 Rebounds von Nowitzki gewinnen. Spiel 6 in Oakland wurde dann zum Desaster. Dallas verlor mit 25 Punkten unterschied, wobei Nowitzki mit nur 8 Punkten bei 15 % Trefferquote einen seiner schwächsten Playoffauftritte überhaupt zeigte. Damit war Dallas mit 4:2 in der ersten Runde ausgeschieden, was zuvor noch keinem Team mit so guter regulärer Saison passiert war.

Die Saison 2007/08 verlief für die Mavericks und für Dirk Nowitzki persönlich enttäuschend. Er wurde diesmal nur ins All-NBA Second Team gewählt. In den Playoffs verlor Dallas in der ersten Runde klar mit 1:4 gegen die New Orleans Hornets, Nowitzki konnte mit im Schnitt 26,8 Punkten bei 12 Rebounds und 4 Assists jedoch überzeugen.

Mit Beginn der Saison 2008/09 wurde Rick Carlisle neuer Trainer der Mavericks und ersetzte damit Avery Johnson. Nowitzki knüpfte mit 25,9 Punkten pro Spiel an seine besten Saisons an und wurde wieder ins All-NBA-First-Team gewählt. Trotzdem reichte es für die Mavericks nur für 50 Siege und Platz 6 im Westen. In der ersten Runde der Playoffs konnten dann aber die favorisierten San Antonio Spurs mit 4:1 bezwungen werden. In der nächsten Runde verlor Dallas 1:4 gegen die Denver Nuggets. Die Schlüsselszene der Serie war dabei ein Dreipunktewurf von Carmelo Anthony eine Sekunde vor Ende der dritten Begegnung bei einer 2-Punkte-Führung für Dallas. Statt der Chance zum Ausgleich im nächsten Heimspiel gab es eine vorentscheidende 3:0-Führung der Nuggets. Die Werte von Nowitzki waren in der Serie mit im Schnitt 34,4 Punkte bei 11,6 Rebounds und 4 Assists überragend.

In der Saison 2009/10 blieben die Statistiken von Nowitzki konstant. Beim All-Star Game stand er zum zweiten Mal in der Starting Five, nachdem er für den verletzten Kobe Bryant in die Anfangsformation nachgerückt war. Hervorzuheben ist die selbst für den ausgezeichneten Freiwurfschützen außergewöhnliche Trefferquote von 91,5 %. Dallas kam auf 55 Siege und Platz 2 im Westen. In den Playoffs verloren die Mavericks dann jedoch in der ersten Runde gegen die San Antonio Spurs mit 2:4.

Nachdem auf eine sehr gute reguläre Saison erneut ein Erstrundenaus gefolgt war, reagierten die Dallas Mavericks mit einigen Veränderungen. Dem Verein lief die Zeit davon, da neben Dirk Nowitzki auch Jason Kidd und viele weitere Leistungsträger bereits über 30 waren. Als Geld frei wurde, u.a. durch den Gehaltsverzicht von Nowitzki, wurde Tyson Chandler verpflichtet, um die Defensive deutlich zu stärken. Im Lauf der Saison wurde zudem der dreimalige All-Star Peja Stojakovic verpflichtet. Die reguläre Saison verlief mit 57 Siegen sehr erfolgreich. Nowitzki war dabei wie gewohnt vor allem offensiv der wichtigste Spieler, auch wenn sich seine Statistiken leicht verschlechterten. Im zehnten Jahr in Folge wurde er zum All-Star Wochenende eingeladen, wie im Vorjahr wurde er ins All-NBA Second Team gewählt, und bei der Wahl zum MVP belegte er den sechsten Platz.

Trotz der überzeugenden Leistungen in der regulären Saison mit Platz 3 im Westen galten die Mavericks nach den Enttäuschungen der vergangenen

Playoffserien diesmal als klarer Außenseiter. In der ersten Runde traf man auf die sechstplatzierten Portland Trail Blazers. In der nächsten Runde warteten die klar favorisierten Los Angeles Lakers, die zweitplatzierten der regulären Saison und Titelgewinner der beiden Vorjahre. Die Serie startete in Los Angeles, wo die Mavericks das erste Spiel auch dank 28 Punkten und 14 Rebounds von Nowitzki knapp mit 96:94 gewinnen konnten. Nachdem das zweite Spiel in Los Angeles sogar deutlich gewonnen wurde, wechselte die Serie nach Dallas. Dort führten die Lakers im dritten Spiel weniger als fünf Minuten vor dem Ende noch mit sieben Punkten, bevor Dirk Nowitzki mit einem Dreier die Aufholjagd der Mavericks startete. Unterstützt von Jason Terry und Peja Stojakovic wurde das Spiel noch mit 98:92 gewonnen. Nun war der Widerstand der Lakers gebrochen. Im letzten Spiel konnte Nowitzki beim Erdrutschsieg sogar etwas geschont werden.

Nachdem der Titelverteidiger ohne Spielverlust besiegt wurde, galt Dallas erstmals als ernstzunehmender Titelanwärter. Im Conference Final warteten die viertplatzierten Oklahoma City Thunder, gegen die Dallas zunächst Heimrecht hatte. Das erste Spiel konnten die Mavericks gewinnen, wobei Nowitzki 12 seiner 15 Würfe aus dem Feld versenkte. In diesem Spiel stellte er außerdem mit 24 getroffenen Freiwürfen ohne Fehlwurf einen neuen Playoffrekord auf und kam somit auf insgesamt 48 Punkte. Das zweite Spiel ging verloren, so dass die Serie beim Stand von 1:1 nach Oklahoma wechselte. Dort konnte das erste Spiel gewonnen werden, obwohl Nowitzki bei einer schlechten Trefferquote mit nur 18 Punkten sein schlechtestes Spiel der 2011er Playoffs ablieferte. Der Sieg war vor allem das Verdienst von Tyson Chandler, der 15 Rebounds holte, und Shawn Marion, der ebenfalls 18 Punkte erzielte. Im zweiten Auswärtsspiel lag Dallas weniger als fünf Minuten vor dem Ende mit 15 Punkten zurück, konnte sich aber vor allem durch 12 Punkte von Nowitzki in die Verlängerung retten, die dann deutlich gewonnen wurde. Nowitzki war hierbei mit insgesamt 40 Punkten bei guter Trefferquote wieder der dominante Spieler. Im fünften Spiel konnten die Mavericks die erste Chance nutzen und die Serie vor heimischem Publikum gewinnen. 1:20 Minuten vor Ende des Spiels erhielt Nowitzki bei zwei Punkten Rückstand nach verworfenem Dreipunktewurf sofort die Chance zu einem zweiten, den er versenkte. Damit lag der psychologische Vorteil bei den Mavericks, die die Führung nicht mehr abgaben.

In den NBA Finals 2011 kam es zur Neuauflage der Endspielserie von 2006 gegen die Miami Heat mit den Superstars LeBron James, Dwyane Wade und Chris Bosh. Miami hatte dabei zunächst Heimrecht. Das erste Spiel ging recht deutlich an die Heat, die 6:20 Minuten vor Ende des zweiten Spiels erneut mit

15 Punkten führten. Diesmal schafften die Mavericks jedoch die Wende. Dabei erzielte Nowitzki, der sich im ersten Finalspiel einen Sehnenriss im linken Mittelfinger zugezogen hatte, die letzten neun Punkte für sein Team, darunter einen Dreipunktwurf 26 Sekunden vor dem Ende und den Korbleger zum Sieg. Die Serie wechselte beim Stand von 1:1 nach Dallas, wo die Mavericks wieder in Rückstand gerieten. Dirk Nowitzki scheiterte mit seinem Fadeaway zum möglichen Ausgleich in der Schlusssekunde. In Spiel 4 hatte er mit 39 Grad Fieber über das gesamte Spiel eine schlechte Trefferquote, leistete mit einem Korbleger 15 Sekunden vor Ende aber einen wichtigen Beitrag zum knappen Sieg und damit zum erneuten Ausgleich der Serie. Auch das letzte Spiel in Dallas konnten die Mavericks mit Nowitzki als Topscorer für sich entscheiden, so dass sie vor dem erneuten Wechsel der Serie nach Miami erstmals mit 3:2 in Führung gingen. Im sechsten Spiel traf Nowitzki in den ersten drei Vierteln extrem schlecht. Die guten Leistungen von Jason Terry und J.J. Barea hielten Dallas allerdings im Spiel und sorgten zusammen mit dem im letzten Viertel endlich treffenden Nowitzki für den Sieg im Spiel und somit in der Serie. Damit gewann Nowitzki am 12. Juni 2011 als erster Deutscher den NBA-Titel sowie die Auszeichnung des Finals MVP.

Bei den jährlichen Espy-Awards des Sportsenders ESPN gewann Dirk Nowitzki 2011 als erster Basketballer nach Michael Jordan (Preisträger 1993) den Award in der Kategorie Best Male Athlete, sowie als erster Europäer den Preis als Best NBA-Player. Nowitzki ist der erste Nicht-Amerikaner, der eine persönliche Auszeichnung bei den Espys erhielt. Aufgrund seiner herausragenden Erfolge 2011 erhielt Nowitzki zum zweiten Mal nach 2005 den FIBA Europe Player Of The Year Award.

Zum 1. Juli 2011 lief der 2005 zwischen Klubbesitzern und der Spielergewerkschaft NBPA abgeschlossene Tarifvertrag aus. Beide Parteien konnten sich nicht auf einen neuen Vertrag einigen. Zu den wichtigsten Streikpunkten gehörte dabei die Aufteilung der Einnahmen zwischen Spielern und Besitzern, wobei die Spieler bisher 57 Prozent der Einnahmen erhalten haben. Weiterhin wollten die Besitzer eine hard cap genannte feste Gehaltsobergrenze anstatt des aktuellen soft caps durchsetzen.

Die Verhandlungen führten zu keinem Ergebnis. Damit kam es zum vierten Lockout in der Geschichte der NBA, wobei nach der Saison 1998/99 zum zweiten Mal die Anzahl der Saisonspiele reduziert werden musste. Nach einer großen Anzahl gescheiterter Verhandlungsrunden stand die Saison bereits kurz vor der Absage. Am 25. November einigten sich Spielergewerkschaft und Vertreter der Besitzer auf einen neuen Vertrag. Nach Abstimmungen auf beiden Seiten wurde der neue Vertrag am 8. Dezember angenommen, so dass der Lockout nach 161 Tagen offiziell endete. Die Saison wurde am 25. Dezember gestartet.

Der neue Tarifvertrag hat eine Laufzeit von zehn Jahren, wobei beide Vertragsparteien ein Kündigungsrecht nach sechs Jahren haben. Die Spieler erhalten im ersten Jahr nur noch 51,15 Prozent der Einnahmen, die Verteilung ab der zweiten Saison hängt von der Entwicklung der Einnahmen ab. Die Luxussteuer für das Überschreiten der Gehaltsobergrenzen steigt ab der Saison 2012/13 für hohe oder regelmäßige Überschreitungen stärker an, um mehr Disziplin beim Einhalten der Gehaltsgrenze zu erreichen. Außerdem können Mannschaften über der Grenze weniger Ausnahmen bei der Verpflichtung von Spielern nutzen. Insgesamt werden die Spielergehälter im Laufe einer Karriere durchschnittlich etwas langsamer ansteigen als bisher.

Infolge des Lockout wurde die Saison von 82 auf 66 Spiele gekürzt. Dabei wurde vor allem an der Anzahl der Begegnungen gegen Mannschaften der jeweils anderen Conference reduziert. Weiterhin wurde der Terminplan gestrafft, so dass Teams häufiger an zwei aufeinander folgenden Tagen und bis zu drei Mal an drei aufeinander folgenden Tagen spielen müssen.

LeBron James

Am 6. Februar 2012 erzielte Kobe Bryant von den Los Angeles Lakers 5:08 vor Ende des zweiten Viertels im Spiel gegen die Philadelphia 76ers seine Punkte 23 und 24. Nach dem erfolgreichen Wurf verdrängte er Shaquille O'Neal in der NBA All Time scoring list vom fünften Platz. Die Charlotte Bobcats beendeten die Saison mit einer Siegbilanz von 10,6 %. Dieses war die schlechteste Bilanz eines NBA-Teams aller Zeiten.

Als stärkstes Team der Saison 2011/12 erwiesen sich die Miami Heat. In den Playoffs schlugen sie in der ersten Runde die New York Knicks mit 4:1 in der Serie und trafen daraufhin in der zweiten Runde auf die Indiana Pacers, die sie in 6 Spielen besiegen konnten. Im 6. und letzten Spiel der Serie konnte Dwyane Wade 41 Punkte erzielen, was den Höchstwert dieser Serie darstellt. Die Heat trafen daraufhin in den Eastern Conference Finals auf die Boston Celtics, gegen sie das erste Spiel mit 93:79 gewinnen konnten. Auch das zweite Spiel konnten sie trotz eines zeitweiligen Rückstands von 15 Punkten und dem persönlichen Rekord von Rajon Rondo mit 44 Punkten für sich entscheiden. In den NBA Finals 2012 konnten die Heat den zweiten Titel ihrer Teamgeschichte feiern, indem sie die Oklahoma City Thunder mit 4:1 bezwangen.

Bildnachweis:
Cover: Wikipedia / Keith Allison
(http://commons.wikimedia.org/wiki/File:Magic_Johnson.jpg) This file is licensed under the Creative Commons Attribution-Share Alike 2.0 Generic license.
S. 9: Wikipedia
(http://commons.wikimedia.org/wiki/File:Senda_Berenson.jpg) This file is licensed under the Creative Commons Attribution-Share Alike 2.0 Generic license.
S. 19: Wikipedia
(http://commons.wikimedia.org/wiki/File:GeorgeMikan.jpg) This file is licensed under the Creative Commons Attribution-Share Alike 2.0 Generic license.
S. 22: Wikipedia/Staff Sgt. Marc Ayalin
(http://commons.wikimedia.org/wiki/File:Earl_Lloyd_-_CIAA_HOF_Brunch_-_1-3-06.jpg) This file is licensed under the Creative Commons Attribution-Share Alike 2.0 Generic license.
S. 32: Wikipedia
(http://commons.wikimedia.org/wiki/File:Wilt_Chamberlain3.jpg) This file is licensed under the Creative Commons Attribution-Share Alike 2.0 Generic license.
S. 45: Wikipedia
(http://commons.wikimedia.org/wiki/File:Larrybird.jpg) This file is licensed under the Creative Commons Attribution-Share Alike 2.0 Generic license.
S. 48: Wikipedia / Keith Allison
(http://commons.wikimedia.org/wiki/File:Magic_Johnson.jpg) This file is licensed under the Creative Commons Attribution-Share Alike 2.0 Generic license.
S. 66: Wikipedia /Lipofski Basketballphoto.com
(http://commons.wikimedia.org/wiki/File:Jordan_by_Lipofsky_16577.jpg) This file is licensed under the Creative Commons Attribution-Share Alike 2.0 Generic license.
S. 74: Wikipedia / Keith Allison
(http://commons.wikimedia.org/wiki/File:Shaq_free_throw.jpg) This

file is licensed under the Creative Commons Attribution-Share Alike 2.0 Generic license.
S. 77: Wikipedia / Keith Allison
(http://commons.wikimedia.org/wiki/File:AAAA1801.jpg)
S. 79: Wikipedia/varonp99
(http://commons.wikimedia.org/wiki/File:LA_Lakers-Kobe_Bryant.jpg) This file is licensed under the Creative Commons Attribution-Share Alike 2.0 Generic license.
S. 93: Wikipedia /Keith Allison
(http://commons.wikimedia.org/wiki/File:Derrick_Rose.jpg) This file is licensed under the Creative Commons Attribution-Share Alike 2.0 Generic license.
S. 97: Wikipedia / Keith Allison
(http://commons.wikimedia.org/wiki/File:DirkNowitzki.jpg) This file is licensed under the Creative Commons Attribution-Share Alike 2.0 Generic license.
S. 99: Wikipedia / Keith Allison
(http://commons.wikimedia.org/wiki/File:Tyrus_Thomas.jpg) This file is licensed under the Creative Commons Attribution-Share Alike 2.0 Generic license.
S. 109: Wikipedia / Keith Allison
(http://commons.wikimedia.org/wiki/File:LebronFT.jpg) This file is licensed under the Creative Commons Attribution-Share Alike 2.0 Generic license.